Theodor Nöldeke

Über die Mundart der Mandäer

Theodor Nöldeke

Über die Mundart der Mandäer

ISBN/EAN: 9783743300071

Hergestellt in Europa, USA, Kanada, Australien, Japan

Cover: Foto ©ninafisch / pixe io.de

Manufactured and distributec by brebook publishing software (www.brebook.com)

Theodor Nöldeke

Über die Mundart der Mandäer

Ueber

die Mundart der Mandäer

von

Theodor Nöldeke.

Aus dem zehnten Bande der Abhandlungen der Königl. Gesellschaft der Wissenschaften zu Göttingen.

Göttingen,
Verlag der Dieterichschen Buchhandlung
1862.

Dem Herrn

Hofrath Dr. K. Hoeck,

ordentlichen Professor und Oberbibliothekar zu Göttingen,
Ritter u. s. w.

hochachtungsvoll gewidmet

vom

Verfasser.

Schon seit längerer Zeit kannte man einen bedeutenden Theil der Schriften der *Mandäer* (מאנדאײא) [1]), welche von den Muslimen „Täufer" (صُبَّة von צבא = ﺻﺒﻰ) oder „Wäscher" (مغتسلة), von den Europäern meist sehr unpassend „Johannechristen" [2]) genannt werden; und noch immer fehlt es an einer Darstellung ihrer in vieler Hinsicht so merkwürdigen Mundart. Die sprachlichen Bemerkungen von Norberg in seiner Commentatio de religione et lingua Sabaeorum (in den Commentationes Soc. Reg. Scient. Gott. per annum 1780) p. 16 ff. und Gesenius im Probeheft der Ersch- und Gruberschen Encyklopädie s. v. Zabier und in der Jenaer allgem. Litteraturzeit. 1817 Nr. 48, sowie einige zerstreute Angaben in Hoffmann's Grammatica

---

[1]) Nicht *Mendäer* schon nach der Orthographie; vgl. auch Petermann, Reisen im Orient II, 99. *Nasoräer* (נאצוראייא) heissen nach demselben (ebend.) nur die, welche in der Kenntniss des Glaubens und Kultus und in ihrem Lebenswandel vollkommen sind. Auch in den Schriften werden die Nasoräer von den Mandäern unterschieden.

[2]) Selbst wenn Johannes im Mandäischen System eine grössere Rolle spielte, als es wirklich der Fall ist, so würde der Name „Christen" doch immer mit grossem Unrecht auf eine Sekte angewandt werden, welche keiner Religion so feindlich gegenübersteht, wie dem Christenthum, und den משיחא bloss als Antichrist kennt.

Syriaca sind nicht nur ganz unzureichend, sondern zum Theil geradezu un-
richtig. Hoffmann hat die von ihm angekündigte (gram. Syr. p. 8) Bearbei-
tung dieses Dialekts nie erscheinen lassen. Der Grund dieses Mangels ist
leicht einzusehn. Wie verdient sich auch der Schwede Norberg dadurch
gemacht hat, dass er Europa zuerst genauer mit den Schriften dieser Sekte
bekannt gemacht hat, so lässt sich doch nicht leugnen, dass die von ihm
herausgegebenen Texte durchaus ungeeignet sind, dem, welchem nicht bessere
Quellen als Korrektiv zu Gebote stehn, zur Grundlage genauer sprachlicher
Untersuchung zu dienen; denn der Mangel an philologischem und linguisti-
schem Takt hat Norberg verleitet, den Mandäischen Dialekt nach ganz will-
kührlichen Regeln zu verbessern und der Syrischen Schriftsprache ähnlicher
zu machen. Die einzigen genaueren Texte ausser dem vortrefflichen Facsimile bei Hyde (Hist. rel. Pers. zu p. 521 ed. 1) und dem Facsimile hinter
dem ersten Bande von Norberg's Codex Nasaraeus sind die von Lorsbach (in Stäudlin's Beyträgen zur Philos. und Gesch. d. Rel. V, 3 ff. und
im Museum für bibl. und orient. Lit. von Arnoldi, Lorsbach und Hart-
mann Bd. 1, N. 1), in etwas geringerem Grade die auf de Sacy schen Abschriften beruhenden von Th. Ch. Tychsen (in Stäudlin's Beyträgen Bd.
2, 3, 5) herausgegebenen Stücke. Diese Texte sind aber nur von geringem
Umfange und mein Wunsch, diese Mundart kennen zu lernen, wäre daher
unerfüllt geblieben, wären nicht auf der hiesigen Universitäts-Bibliothek zwei
Bändchen (cod. or. 15. 16) Abschriften, von Lorsbach nach Durchzeichnungen
und andern genauen Nachbildungen Pariser und Oxforder Mandäischer Handschriften sorgsam genommen [1]) und zum Theil sogar mit Varianten versehen,
deren Mangel einer der grössten Fehler der Norbergschen Ausgabe ist. Ferner verdanke ich der Liberalität der Grossherzogl. Weimarschen Bibliotheks-

---

1) Das erste Bändchen enthält verschiedene Stücke, welche theilweise aus dem
von Norberg herausgegebenen Sidra rabba (von ihm Liber Adami genannt)
genommen sind; das zweite enthält auch einer Durchzeichnung von Knös das
ganze s. g. *Cholaste*, eine Sammlung liturgischer Formeln mit Gebrauchsan-
weisung von בהדארין מצא כר אביחי המתמא, der sich selbst mehrfach
nennt und an zwei Stellen von Abschreibern geradezu ארדא כירון ייד מארא
(صاحب هذا الكتب) genannt wird.

verwaltung die Benutzung einer leider nur 22 Quartblätter umfassenden sehr genauen Nachbildung des Anfangs einer Pariser Mandäischen Handschrift, von Mich. Fourmont angefertigt und von Joh. Bapt. Casp. d'Ansse de Villoison im Jahre 1775 dem Herzog Karl August geschenkt. Auch Lorsbach hat diese Weimarer Handschrift benutzt. Der immer noch geringe Umfang dieses Materials, die Unsicherheit des Textes, theils durch die Fehler der Mandäischen Schreiber, theils auch, wenn auch gewiss selten, durch die bei der Umschrift in Syrische Buchstaben schwer vermeidlichen Versehen des trefflichen Lorsbach herbeigeführt, ferner die vielen Dunkelheiten dieser oft äusserst abgeschmackten Schriften liessen natürlich keine vollständige Erkennung der sprachlichen Gestaltung zu; und ich bin weit entfernt, meine lückenhafte Darstellung für etwas Anderes, als einen *ersten Versuch* anzusehen. Allein, so lange man da, wo diese Untersuchungen eigentlich geführt werden müssen, in Paris und Oxford, sich um den reichen Stoff gar nicht bekümmert, werden diese Beiträge, hoffe ich, dem Kenner der Semitischen Sprachen willkommen sein; und auch der künftige Forscher, der mit reicherem Stoff eine vollständigere Beschreibung des Mandäischen Dialekts unternimmt, wird aus dieser Arbeit einigen Nutzen ziehen, welche zuerst zu zeigen versucht, dass diese Sprache keineswegs so regellos ist, wie man gewöhnlich annimmt [1]).

Erster Theil.

Schrift- und Lautlehre.

Schriftlehre.

Die Schrift der Mandäer ergiebt sich auf den ersten Anblick als eine

---

[1]) Hätte ich freilich eher, als kurz vor der Vollendung meiner Abhandlung, erfahren, dass Herr Professor Petermann sich von dem Oberpriester der Mandäer selbst eine genaue Kenntniss ihrer Sprache erworben hätte, so würde ich es kaum gewagt haben, eine so mühevolle Arbeit zu unternehmen. Ich würde aber in hohem Grad erfreut sein, wenn der würdige Gelehrte sich durch diesen Versuch veranlassen liesse, genauere Mittheilungen über diesen Dialekt zu machen.

den sonst bekannten Syrischen nah verwandte, und zwar betrachte ich sie als aus dem Estrangelo entstanden [1]), theils durch den gewöhnlichen Veränderungsprocess vielgebrauchter Schriften, theils auch wohl durch absichtliche Umgestaltung (zum Schutz vor dem Bekanntwerden der Bücher bei den Andersgläubigen). Aber gleich die Zahl der Buchstaben ist streitig. Früher behauptete Norberg und nach ihm J. D. Michaelis, die Mandäische Schrift bestehe aus 20 Buchstaben, später nahm man allgemein an, sie besitze alle 22 Semitische Zeichen. Beide Meinungen haben einen gewissen Grund, und doch lässt sich behaupten, dass das gebräuchliche Alphabet der Mandäer 21 Buchstaben habe. Norberg nahm nämlich die Zeichen für ע und א, weil sie ohne *etymologischen* Unterschied stehn, als gleichbedeutend, und so schrieb auch Tychsen in den von ihm veröffentlichten Stücken immer א für ע; dies geschah aber, wie wir unten sehn werden, mit Unrecht, wenn man auf die *Aussprache* achtet. Für ה und ח haben die Handschriften nur ein Zeichen; allein die Alphabete bei Thevenot [2]), Kämpfer, (Amoenitates exoticae neben p. 441), K. Niebuhr (Reise II, tab. II F. neben S. 220) haben noch einen besondern Buchstaben für ה [3]), welcher sich vielleicht als Zahlzeichen

---

1) Die meisten Buchstaben lassen sich ohne Schwierigkeit aus den entsprechenden im Estrangelo herleiten; bei einigen (כ, נ) scheint die Finalgestalt massgebend gewesen zu sein. In der Entwickelung aus dem Estrangelo hielt die Mandäische Schrift zum Theil noch mit der, freilich viel weniger veränderten, Nestorianischen Schrift. Kopps Ansicht, dass jene älter sei, als die Hebräische Quadratschrift (Bilder und Schriften der Vorzeit II, S. 340), kann ich nicht theilen. — Trotz der Aehnlichkeit der Mandäischen Sprache und Schrift mit der Syrischen bediene ich mich zur Umschrift lieber der Hebräischen, als der hässlichen gewöhnlichen Syrischen Druckschrift. Letztere wende ich nur bei Beispielen an, die ich Norberg entnehme.

2) Siehe den Anhang; dies Alphabet ist später mehrfach reproduciert z. B. in der grossen Encyclopédie (von Diderot und d'Alembert) Recueil des planches II, P. 1. pl. V.

3) In der Reihenfolge vertauschen die Alphabete freilich die beiden Buchstaben, allein die Gestalt der einen, allgemein gebräuchlichen, ist durchaus die eines ח, der andere muss also ein ה sein. Mit Unrecht hält J. D. Michaelis (or. Bibl. XVIII, 53 f.) diesen Buchstaben für eine andere Form des א und Tychsen

erhalten hatte und in dem unten zu beschreibenden Facsimile bei Thevenot mehrfach an einer Stelle wiederkehrt, wo ursprünglich ein ה stand. Aber, wie gesagt, die gewöhnliche Schrift kennt dies Zeichen nicht, und die alphabetischen Lieder (bei Norberg II, 186 ff.) setzen ursprüngliches ה und ח ohne Unterschied, während sie für ע nur ein einziges Mal (beim ersten Liede) ein Wort setzen, welches zwar etymologisch mit einem ע anlautete, aber nach Mandäischer Schreibweise mit א beginnen muss. Dass wir in der Folge ה und ח trotz ihrer lautlichen und grammatischen Gleichheit nach der Etymologie trennen, ist die einzige Abweichung von den Handschriften, die wir uns zu Gunsten des leichtern Verständnisses erlauben [1]).

Die eigenthümlichste Besonderheit der Mandäischen Schrift ist die, dass [2] sie die Tendenz der späteren Jüdischen Schreibart, nicht nur, wie im Syrischen, ו, sondern auch i und a durch Vokalbuchstaben auszudrücken, völlig zu der Regel durchführt, keinen eigentlichen Vokal ungeschrieben zu lassen. Nur wenige kurze, sehr häufige Worte מן „von", בר „Sohn", סה „Tochter" (selten סאח) werden ohne Vokal geschrieben; auch in רבא „magnus" רביא „magni" und חייא Leben ist nicht, wie man wohl denken könnte, eine kürzere Aussprache (r'bá, h'yé oder heyé) anzunehmen, sondern der Vokal a wird in diesen sehr häufigen Wörtern nicht geschrieben, wie die Aussprache rabba und haffe bei Petermann und die wenigstens einmal vorkommende Schreibart ראביא (Var. רביא) zeigt. Ferner werden von den proklitischen Wörtchen ד (vielleicht ש gesprochen?) immer und ב, ל gewöhnlich vokallos geschrieben; dies führt sogar mitunter den Wegfall eines ursprünglich anlautenden Vokals herbei, z. B. לדאם sonst לאדאם „dem Adam", לניש sonst לעניש „dem Menschen", ועתראיראב und רתרארראב „und er ward gross" für und so oft bei Reflexiven. Nicht sehr häufig sind Fälle wie בינתרוא und

(Beyträge III, 61 ff.) gar für ein ס, dem er allerdings bei Thevenot sehr ähnlich ist.

1) Noch ist zu erwähnen, dass die Mandäer im Arabischen Eigennamen das ع durch das Arabische Zeichen ausdrücken z. B. מיגܶאזו = معز. Vgl. Tychsen in den Beyträgen III, 297.

לושכינאחא „zum Kriege", ליקראבא „im Lichte", בנהירא neben באנהורא
(Var. לשכינאחא) „den Schechinas", ziemlich oft באדמו „nach dem Bilde"
neben בדמו. Vereinzelt finden wir noch einige Wörter, in denen ein Vokalbuchstab fehlt z. B. משכח „findend" (Var. מאשכח), חשביחחא „Preis" unmittelbar neben חושביחחא; so wird auch das Pronominalsuffix דין zaweilen
bloss הן geschrieben.

Die Schreibart mit voller Vokalbezeichnung hat für die lebende Sprache
zwar grosse Vorzüge, aber für uns wird die Verwischung jedes Unterschiedes
zwischen langen und kurzen Vokalen vielleicht kaum durch die Bezeichnung
auch dieser aufgehoben. Bedenkt man nun, dass in einer Sprache, welche
die Wörter so oft zusammenzieht und abschleift, starke Verkürzungen ursprünglich langer Vokale wahrscheinlich, dass daneben Dehnungen ursprünglich kurzer wenigstens nicht unmöglich sind [1]), dass ferner jeder Unterschied
der Bezeichnung von e und i, o und u fehlt, so wird man ermessen, wie
unpassend die Ersetzung der Vokalbuchstaben durch Syrische oder Hebräische
Vokalzeichen nach den Regeln der Syrischen Grammatik ist.

3   Im Einzelnen gestaltet sich die Bezeichnung der Vokale folgendermaassen:
1) a wird im In- und Auslaut, ob lang oder kurz, durch א wieder-
gegeben z. B. קאם „er stand" (عَمْ), יארדנא „der Jordan", מאן „wer" (مَنْ),
נסאב „er nahm" (نَسَبَ), יאחיא „Johannes" (يَحْيَى). Es versteht sich, dass
der lange Vokal, der ebenso wie das kurze a geschrieben wird, nicht mit
Norberg nach der gewöhnlichen Syrischen Weise o auszusprechen ist. Auch
Petermann spricht immer a.

2) i, e werden im Inlaut durch י dargestellt z. B. ריש „Kopf" (רֵישׁ), היכון
„sie", אולין „abeuntes", ניסאר „er sagt" (نَاصِر), רסים „bezeichnet", נינהאר

---

[1]) Wissen wir doch nicht einmal, ob die Dehnung eines betonten i, u vor einem
auslautenden Konsonanten im Chaldäischen zu $\bar{e}$ $\bar{o}$ wirklich in der Sprache be-
gründet, oder bloss aus dem Hebräischen eingeführt ist. Nicht einmal in den bib-
lischen Aramäischen Stücken wird diese, dem Syrischen fremde, Dehnung ganz
durchgeführt.

„er leuchtet", נימקאת "sie ging aus"; im Auslaut dagegen durch יא: ליא "mir", קאריא (אָסְרַי), "er kommt" (اَمْ), נידריא "er ist" (נְסֵיֹא), אסניא "er ging" (אָסְנַי), ניחיא "er kommt" (اَتَى), "rufend", עלאיא "über" (עֲלַי); so im Plural des Stat. emphat. beim Nomen z. B. רביא (أَفْ), מאנדראייא "Mandäer", ניכראייא "fremde" (نَصْرَى) u. s. w., ferner in den Arabischen relativen Namen, die in den ausführlichen Nachweisen der Abschreiber über die Handschriften nicht selten sind z. B. בירחאיליא = خَبَيْلى[1]). Das Possessiv- und Objektsuffix der dritten Pers. Sing. Mask. hat für auslautendes יא öfter bloss א z. B. ברא "sein Sohn" (בְּרַח) neben בריׁשיא "auf seinem Kopf" (בְּרֵישֵׁם); לא "ihm" (לָהּ); שיקלא "er nahm ihn" (שְׁקָלַהּ). Das א fällt stets ab, sobald ein anderes Wort sich fest an das erste hängt z. B. איחיליא "er brachte mich" (aus איחיא = אֲיָחֵי und ליא), ניהרילן "es sei ihnen", הרילאן "sei uns". — Ueber die Bezeichnung des in- und auslautenden *i, e* durch ע siehe unten.

3) *u, o* ist im In- und Auslaut stets ו: כולדרן "sie alle", לברשא "Kleid", יומא "Tag", באדמי "nach dem Bilde".

4) Die Diphthongen *au* und *ai* werden stets durch או und אי ausgedrückt: באיתא "Haus", מכאסאי "bedeckt", איתאי "bringe" Fem. (أَتَى), מראירדאב "erhaben".

Besondere Beachtung verdient nun aber die Bezeichnung der Vokale im Anlaut nach einem blossen Spiritus lenis. Das א steht sowohl für einen ursprünglichen Spiritus lenis, als auch für das im Laut ganz zu jenem herabgesunkene ע. Um nun Häufung der Schreibweise zu vermeiden, hat man den sinnreichen Ausweg ergriffen, das sonst überflüssige ע rein *orthographisch* zu verwerthen. So ist nun:

1) א = 'a, 'ā ohne Rücksicht darauf, ob das Wort ursprünglich mit א oder ע anlautete: אראם "Adam", אמאר "sagend" (أَمَرَ), ארבא "vier", אלמא "Welt" (خَحْمَا), אביד "thuend" (خَمْ), אברא "Knecht" (خَمَا).

---

[1]) Vergl. auch solche, von Norberg durchgehends missverstandene, Formen im cod. Nasar. III, 102 ff. s. B. Llane.

2) ע = 'i, 'i, 'e, mag das Wort ursprünglich ע, י oder א haben: ערא
„novit" (جرى), und „Hand" (اِرِ), עחיב „er sass" (يقعد), עקארא „Wurde"
(يغنأ), עח „existit" (امل), עסאק „ich steige" (اصعب), עח = אָח als Anfang
der Reflexiven, עמא „Mutter" (أمّا), עמאח „wann" (اِخذ), עמאר „ich sage"
(اِمّل), עבאר „ich thue" (اخذم), עבראח „sie thut" (جحرى).

Tritt vor ein solches Wort ein ב, ל, ו, so bleibt das ע; sehr selten sind
Beispiele wie ביסקאח וורביא „mit dem Siegel der Mächtigen" (עסקאח = جحم).

3) 'u, 'a ist = ע z. B. עוראיחא „Gesetz" (امثال), ערבאריא „Thaten",
(حصرا).

Selten steht bloss ע für ער z. B. עחרא „Aeon" gewöhnlich עורחרא.

4) 'au und 'ai werden durch או und אי dargestellt z. B. איחיא „er
brachte", איחיב „er setzte".

5) Anlautendes ursprüngliches ע und א mit blossem Vokalanstoss werden geschrieben, als hätten sie einen vollen Vokal z. B. אמאר „er sprach"
(اِمّر, أَمَر), אלאהא „Gott" (أَلْهُمْ أَلاهُا), עחיח „ich kam" (أَحِيَح), אראב „er
ging unter" (غرب).

Wenn also Norberg bloss nach der Etymologie ע oder א schreibt, so
verwischt er viele wesentliche Unterschiede der Aussprache. Nach seiner
Schreibart kann man z. B. nicht sehen, ob ein Wort mit 'a oder 'i, mit 'au
oder 'ai anlautet. Zu verwundern ist es, dass auch Lorsbach die rein graphische Verwendung des ע nicht ganz durchschaut hat. Wenn aber in einzelnen
Wörtern die Schreibart mit ע und א schwankt z. B. אלאיריא und עלאיריא „über",
אלאהא und seltner עלאהא „Gott", so sind das nur Beispiele des häufigen
Schwankens der *Vokalaussprache*, von der wir bald reden werden.

Zerstreut kommt nun ע auch sonst als Vokalbuchstab für *i, e,* vor:

1) Im Auslaut z. B. הע „sie" (öfter), לע „mir" (einmal, sonst ליא),
שאלמאנע „die Friedlichen" (sonst שאלמאניא), לישאנע „die Zungen" (sonst
לישאניא).

2) Im Inlaut נעשמא wir hören (dreimal für נישמא = يسمعنا), כעלא „Manna",

כעלאי „mein Maass" (unmittelbar daneben כילא בעשיא, „Böse" (sonst בישיא), העגילא und היגעלא für das gewöhnliche הינילא, „aber" (דין אלא). Etwas häufiger ist diese Verwendung des י bei den Wurzeln לי, um die Wiederholung des י zu vermeiden: z. B. מצעייא „δυνάμενοι" (m'ṣiyé)[1], שרעיא „wohnend" fem. (s''riyá, zweimal in je zwei Handschriften), מיא סארעיא unmittelbar neben מיא סארייא „stinkendes Wasser", טעיא (ṭeyá) „Irrthum", wofür sogar שעיא vorkommt. Eine noch verschwenderischere Schreibart ist ניעייד für das sonst gewöhnliche טדיג „Mars", ניעיול „wir treten ein" (niyul = יחסל) und das in der Schlussformel der Abschnitte zuweilen für ואכין vorkommende ואכיעין (חייא)[2] „das Leben ist rein"; ähnlich könnte ein י fehlen in dem dreimal wiederkehrenden יאעיד (yáyé) „stolz" (Sing. Stat. absol. neben נאהור und חאכין „leuchtend" und „fest").

Oft finden wir עי in den auf el auslautenden Eigennamen, wie in סראעיל „Israel", שארהביעיל. Der Eigenname עין חאי und das als Fremdwort[3] anzusehende עיל עיל „Gott, Gott!" sind die einzigen Beispiele des Anlauts עי.

Wenn nun auch die Schwierigkeit, den Spiritus lenis neben der Vokalbezeichnung deutlich hervortreten zu lassen — eine Schwierigkeit, welche bekanntlich in der Arabischen Orthographie so grosse Verwirrung veranlasst hat — glücklich überwunden ist, so bleibt der Doppelgebrauch des י und ו als Konsonant und Vokalbuchstab doch auch bei dieser Mundart bisweilen ein Hinderniss, die rechte Aussprache zu erkennen. So ist z. B. nur aus dem Zusammenhang zu erkennen, ob ראמיא im Stat. absol. דְמֵי oder im Stat. emph. רָטִיא zu sprechen ist.

Obgleich Schreibweisen wie מצייך (m'ṣiyin) „δυνάμενοι", מצייד (m'ṣiyú) „du kannst" zeigen, dass die Mandäer vor einer Häufung des י nicht erschrecken, so kann es doch nicht auffallen, dass sie in solchen Fällen zuweilen ein י weglassen und z. B. סאגייא „viele" (saggiyé), אגייא „Blende" (aniyé) oder ähnlich קרעיא „vocati" (q'riyé) schreiben. Auch von zwei י fällt mitunter eins aus: z. B. in נייל „er tritt ein" (niyul = יחסל) neben חייול „du trittst ein".

---

1) Im Museum 13 steht durch einen Druckfehler סצריי.
2) Soll hierdurch vielleicht eine langgezogene Pausalaussprache angedeutet werden?
3) Wie ארדנאי.

Lautlehre.

6   Die *Vokalverhältnisse* sind, soweit sie die Schrift erkennen lässt, im Ganzen dieselben wie die der Syrischen Sprache. Doch sind sie nicht so fest, wie in dieser, geregelt, indem einerseits mehrfach dasselbe Wort mit verschiedenen Vokalen erscheint, andererseits oft Vokale, die in einer Form vorkommen, in einer ganz analogen fehlen. Die erste Erscheinung zeigt sich besonders in einem mehrfachen Wechsel von א und י, bei dem freilich zu bedenken ist, dass die grosse Aehnlichkeit des anhängenden א und י die Abschreiber leicht zu Fehlern verleiten konnte. Wir finden z. B. גינזאיהרן „ihre Schätze" unmittelbar neben גאנואיהרן, für das häufige שישאלחא „Kette" auch שישילחא, לגיט „er nahm" neben לנאט (לְקַט) und so öfter im Perf. Qal. Das *i* (*e*) tritt in geschlossnen Silben, wie im Hebräischen, gern an die Stelle des *a* z. B. שיקלא „er nahm ihn" (שְׁקָלֵהּ), מיתגיטליא „Getödtete" (مقتصلا) und in vielen Formen, die in der Formenlehre vorkommen werden. Seltener ist der Wechsel von *a* mit andern Vokalen, wie in חיכמתא „Weisheit" (חָכְמְתָא) neben חיכימתא (ܒܚܟܡܬܐ), נאברוא, נאבריא (ܓܒܪܐ) neben נתבריא (נִבְרְיָא), טובא „sieben" Mask. (ܫܒܥܐ) שובעא שבעא, שיבין „siebzig" (וְשׁוּבְעִין שְׁבְעִין מְצֵמ); und in den Verben, welche im Imperfekt י statt י haben.

Das Gesetz, nach welchem vor auslautendem ר jeder kurze Vokal zu *a* werden muss, wird nicht streng beobachtet z. B. אמור und אמאר „sprich", אדכיר (Var. אדכאר) „erwähne", מארכור „erwähnend". Sehr selten sind aber Ausnahmen bei eigentlichen Gutturalen, wie in פתיח „du öffnetest" (ܦܬܚܬ), עצטביגאבא „wir wurden darin getauft" (ܥܨܛܒܝܢܢ ܒܗ).

Die Vereinfachung der Diphthongen in geschlossener Silbe, welche im Syrischen schon fast ganz durchgeführt ist (z. B. in ܨܡ, ܚܡ, ܢܦܫ), ist im Mandäischen vollendet z. B. ליח „non est" (ܠܝܬ) -יח als Verbalendung (ܗ-). In איך „wie" wird das *a* durch einen Zusatzvokal geschützt איאך, ähnlich steht איאן für *ain* als Suffix der 1. Pers. Plur. am Plur. — Auch in einigen andern Fällen tritt ein einfacher Vokal an die Stelle des Diphthongs, nämlich in סיפא „Schwert" (ܣܦܼܳܐ), בינאח und בינאח „zwischen", גו „Inneres" (Stat. constr., aber mit Suffix בגאוא „in seinem Innern"), יומא „Tag", יומיא „Tage", מותא „Tod", וומא „klein" (ܙܥܘܿܪ), כוכבא „Stern", כוכביא „Sterne", רחביא „magnates". Ferner stehen in einigen Ableitungen von Wurzeln י"ל auch in offener Silbe Formen mit יא neben solchen mit י. Ob in diesen Wortes *au, ai* zu *ô, ê* oder gleich zu *û, î* geworden sind, können wir natürlich nicht bestimmen.

Wichtiger als diese Vokalveränderungen ist das Streben, im Gegensatz 7 zu der sonstigen Aramäischen Beschränkung der Vokalaussprache vielfach zur Vermeidung von Härten Vokale einzuschieben. Freilich ist es hier oft schwer zu beurtheilen, ob die Schrift nur einen Vokalansloss ausdrückt, den auch die kürzeste Semitische Aussprache nicht entbehren kann, oder ob die Sprache selbst einen solchen Nothlaut zum vollen Vokal erhoben hat. Ein solcher Vokal tritt mit einem Spiritus lenis *nach Willkühr* vor ein Wort, dessen erster Konsonant keinen vollen Vokal hat, und zwar häufiger ein א als ein ע (י). So haben wir אהיאת „sie war" (Var. הואת), אסמיכא „gestützt" (Var. סמיכא), אשכינאהא „Schechina's" neben שכינאהא, אלבוש „zieh an" (Var. לבוש), ענביהא „Prophet" neben נביהא, עכסא „wie", sonst כמא ¹) und viele ähnliche. Diese Zusammenstellung zeigt, wie die vermehrten und unvermehrten Formen neben einander stehn; oft stehn beide Formen nahe beisammen, zuweilen hat eine Handschrift bei einem Worte an einer Stelle die längere, an einer andern die kürzere Form, eine andere Handschrift umgekehrt. Nach ב, ל, ו ist ein solcher Zusatz selten; doch finden wir בעמרומא „in der Höhe" (Var. במרומא) ²).

Wie oft im Syrischen ³), aber in weiterem Umfange, wird da, wo in ei- 8

---

1) Vergleiche in der s. g. Versio Hierosolymitana אכחובא „epigraphe", ארמא „Blut". (Adler S. 142.)
2) An einer andern Stelle steht בימרומא mit der Variante במרומא.
3) Vergl. Hoffmann, gr. Syr. pg. 115, Bernstein in der Einleitung zum Evang. Joh. in Harqlensischer Uebersetzung S. VII ff. Auch im Chaldäischen haben wir einzelne Beispiele dieser Einschiebung, wie מדנח für מדנח „Aufgang". Im Hebräischen oft bei Gutturalen z. B. יַעֲבֹט.

nem Worte drei Konsonanten ohne einen vollen Vokal zusammen treffen, gewöhnlich nach dem ersten Konsonanten ein Vokal eingeschoben und zwar meistens ein י wie in עתיקריא „er ward gerufen" (اُلْعَىٰ), ניסיהדרון „sie zeugen", חינישקין, „ihr küsst", חיחישבא „du meinst ihn" (ܠܣܡܿܓܼ), בילירבאבא „Feind" (ܒܹܠܕܿܒܵܒܼܵܐ), עדלמא „bis wann?" (עֻלְמָא); seltner א z. B. תאראלחא „Furcht" (ܢܸܣܟܲܠܐ), האטאבחא „Gedanke", oder ו z. B. חיבוימחא, חיבוסיחא „Weisheit", ניציבחא „Pflanze". Obgleich nun eine solche Einschiebung meistens stattfindet, namentlich im Imperfekt der Verba (besonders derer mit ה und ח als erstem oder zweitem Radikal), so giebt es doch auch genug Ausnahmen z. B. stets סארולא „Eisen", יארדנא „Jordan"; so auch אחדראח „sie kehrte um". Ganz unstatthaft ist die Einschiebung bei den Reflexiven der mit Zischlauten anhebenden Verba z. B. עצטבא „sie sind getauft" (ܠܐܸܨܛܒܸܥ), עשחבין „sie sind gefangen", נישחקיל „er wird genommen". Dafür tritt in diesen Worten wohl ein י hinter den zweiten Konsonanten z. B. נישחיביק „es wird erlassen", נישחיציל „er wird gestürzt", מיסחימיבכנא „Ich stütze mich", רשחימאכין und wir wurden gehört" (ܘܶܐܣܬܡܲܥܢ) neben רעשחומאניו.

9 Aber auch ohne Noth treten oft gegen die sonstige Aramäische Form Vokale zum Vorschein, die freilich zum Theil von der ursprünglichen volleren Vokalisation herrühren. Bei gewissen Wörtern tritt stets, bei andern abwechselnd, ein א oder ע vor z. B. אקאמאי, אקאמאך u. s. w. „vor mir, dir u. s. w." (Chald. Samar. קֳדָמַי), אחוריא „unter", אבאחאר „hinter", אביחרא „auf einmal", neben ביחרא 1), אנאמבא neben נאמבא „Seite", עשומיא „Himmel" neben שומיא, עש'מא „Name" gewöhnlich שומא.

Im Inlaut bleibt bei der Verlängerung der flektierten Formen oft der Vokal der kürzern Form, namentlich im Afel; zuweilen verändert er sich etwas z. B. מאמירילון „baptizantes eos" (ܡܰܥܡܕܼܝܼܢ ܠܗܘܢ), מאנהירילון „illuminantes eos", מראוריבילון „exaltantes eos", מחאימינא „die Gläubigen" (sel-

---
1) Man könnte diese 3 Wörter als eigentlich nach §. 7. gebildet betrachten, als aus (a)qĕdāmā, (a)ḥŭlĕf (a)b'atar entstanden. Auch im Talmudischen findet sich אביחרא.

ten נאמרמנא (מהאמניא), „er belehrt mich" (der Form nach = نَصِّفَنِ),
מיהואשדיך, „sie erlassen ihm" (oft), ניקריבולון, „sie nahen ihnen" [1], מיהואשדיך,
„vergossen" (Plur. von מתאשר).

Die Präfixe des Imperfekts erhalten immer einen vollen Vokal [2], z. B.
ניקים, „er sieht" (נמחזא), נירתון, „sie richten", נימאכיך, „er macht eben",
חיבאטלא „du vereitelst es".

Zwischen ש und ב oder מ wird in den Worten שומא „Name" (ebenso
Chaldäisch) und שומא „audiit, audiverunt, audii" (مَجْد, مَجْد, مَجْا) ein י
gesprochen; ähnlich in רשומא „Zeichen" (نَمَحَا).

Zwei gleiche auf einander folgende Konsonanten, welche aber nicht zusammenfallen sollen, werden durch ein א getrennt in אמאמיא „Völker", יאמאמיא
„Meere" [3], מיתמאסמאסתא „zerstörte", חאגאנא „er war gütig gegen ihn (Pa'el
mit Suffix), באגאניח „ich zeugte (Pa'el), سَحْدُ „obtexit me" Norb. III, 308,
מגאלאליח „du offenbarst" (Part. Pa'el mit יח = ܢܝ). Die letztern Formen
zeigen, dass hier א auch an solchen Stellen steht, wo ursprünglich ein ‍‍‍i war [4].

Zur Erhaltung eines sonst leicht in den folgenden Konsonanten aufgelösten נ wird ein Vokal eingeschoben in אנאח „du", אנארן „ibr", סינילחא,
סינילאת u. s. w. „Wort" und oft im Suffix ינאכון neben ינכון; zur Erhaltung
des Diphthongs in איאך „wie" (اِسُ) איון (ـهُمْ, Suffix).

Abfall eines anlautenden Vokals sehen wir bei einem frei stehenden
Wort nur in סריך „zwanzig" (جَسْرِين); dagegen werden oft zwei Vokale von

---

1) Man würde eher א נישבקולן, ניקירבולון erwarten.
2) Vergl. bei Hoffmann pg. 181, 218 ähnliche Fälle im Syrischen. ניסקראך „wir preisen dich" ist bloss als kürzere Schreibart für ני־יקרסאך anzusehn nach g. 5.
3) Die Schreibart حَمْحَي, مَحْمَي zeigt, dass auch im Syrischen ursprünglich die beiden מ durch einen vokalischen Laut getrennt waren (wie in רֲחָמִים), welcher freilich später verschwand, so dass die beiden מ dann in der Aussprache zusammenfielen.
4) In כנתא „Frau" = أَنْتَا, אַנְתְּתָא ist der eine Konsonant und also auch der sie trennende Vokal weggefallen; für مَحْجَلْ findet sich sowohl מאמלא als מאמלאלא.

zwei eng verbundenen Wörtern zu einem zusammengezogen, besonders bei
לא z. B. לאביד „nicht thuend" = לא אביד (ܠܳܐ ܳܥܒ݂ܶܕ݂), לאברילא „überschreiten
ibn nicht" (ܠܳܐ ܥܳܒ݂ܰܪ ܠܶܗ), לאבארת „du thatest nicht" (ܠܳܐ ܥܒ݂ܰܕ݂ܬ݁), לא עתריצחון
„ihr waret nicht in Ordnung und standet nicht fest" (לָא אֶתְרְצִתּוּן וְלָא
ולאחקאיאסחון) und so steht für עה nach לא öfter bloss ח. Aber keine dieser
Zusammenziehungen ist nothwendig.

11 Die auslautenden Vokale, welche im Syrischen, obwohl ursprünglich
gesprochen, allmählig abfielen, und daher zwar in der Konsonantenschrift,
nicht aber durch die spätere Vokalschrift ausgedrückt werden¹), fallen im
Mandäischen auch für die Schrift gänzlich weg z. B. נטאל „sie tödteten" (ܩܰܛܠܽܘ).
קאמ „sie standen" (ܩܳܡܘ), קים „steht" (ܩܳܐܶܡ), עזיל „geb" fem. (ܙܶܠܝ),
עתיכסאר „bebe dich weg" fem. (ܐܶܬ݂ܟ݁ܰܣܳܝ), קראן „rief mich" (ܩܪܳܢܝ), עמ
„meine Mutter" (ܐܶܡܝ) u. s. w. Dagegen bleibt das anlautende א mit ganz
kurzem Vokal, welches im Syrischen, zum Theil auch im Chaldäischen, in einigen Wörtern abfällt, meistens stehen z. B. אחא „komm" (ܬ݁ܳܐ), עזיל „geb"
(ܙܶܠ), und עניש „Mensch" (ܐ݈ܢܳܫܳܐ). Aber אנא „ich" wird zu נא, wenn
es sich eng mit einem vorhergehenden Worte verbindet z. B. סאנידרנא „ich
bete an" (ܣܳܓ݂ܶܕ݂ ܐ݈ܢܳܐ), ראבנא „ich bin gross" (ܐ݈ܢܳܐ ܪܳܒ݂); ähnlich wird in diesem
Fall אנחן „wir" zu נין.

Ausfall von Vokalen im Inlaut findet sich nicht leicht, wo ihn nicht auch
ein anderer Aramäischer Dialekt hätte. Sehr auffallend ist aber der Ausfall des mittleren Wurzelvokals in einigen Formen der Verba עי. Siehe unten §. 40 und 45.

12 Die Veränderungen, welche die Konsonanten erleiden, bestehen meist in
Schwächungen²).

---

1) Ich glaube, dass dieser Wegfall alle auslautenden u und i betraf, welche un-
betont waren.
2) Die hier gegebene Uebersicht der Konsonantenveränderungen ist sehr unvoll-
ständig. Zur Erreichung grösserer Vollständigkeit wären bessere lexikalische
Vorarbeiten, als das Norbergsche Glossar, eine unerlässliche Vorbedingung.
Nur bei der hier wichtigsten Klasse, den Gutturalen, hoffe ich wenigstens die

Von den *Gaumenlauten* verwandelt sich ק zu כ in כושטא "Wahrheit", ܨܘܨܡܐ "Beschwörer" (ܩ̇ܨܘܡܐ), (¹ כריר ,ܩܨܛܐ ,ܡܘܡܬܐ) "langgedehnt" (von קדר), in mehreren Ableitungen der Wurzel קדש (heilig sein), neben welchen jedoch andere in eigenthümlichen Bedeutungen mit כ stehn, und wohl noch einigen andern Wörtern.

Zu ג wird ק in נטל (² "tödten" (ܩܛܠ) und allen andern mit קט anlautenden Wurzeln. Doch kommen von den Wurzeln קטר und קטן einzelne Wörter mit כ vor ⁵). Ferner wird anlautendes ק zu ג in ܟܝܛܐ "Sommer" (ܓܡܛܐ), inlautendes in לגט "nehmen" (ܠܩܒ) und ܓܡܐ (= ܩܡܐ) "explorare", sowie vor ר in סינראניא "Aufträge" (ܡܩܥܪܝܢ).

Dagegen scheint eine Verhärtung einzutreten in ܩܒܐ "explorari" = ܓܒܐ, welches auch vorkommt, und in ܓܪ̇ܡܛܐ "krank" von חב (ܟܒ), welches sich gleichfalls findet.

Von den *Dentalen* steht ר für ח in כרב "schreiben" (כתב), und 13 שרק "schweigen" (שחק); doch kommen daneben ohne Unterschied auch die Formen mit ח vor, und so wechseln wohl כרב und כתיב "geschrieben" in einer Handschrift oder stehn als Varianten neben einander. Auch steht ein Verbum ܩܒ "commercium habeit" neben שחף und ܬܘܐܒܣܐ "Genosse".

Bei den *Zischlauten* finden wir nur wenige Veränderungen. ܐܘܙ "exsultantes" steht für das gewöhnlichere ראויהא, ܨܢܝ, ܨܥܢܝ "lascivia" sind wahrscheinlich mit ܩܒܐ verwandt. Vor einem ג oder ר steht die sonst wenigstens graphisch nicht

---

Hauptfälle gesammelt und mit genügenden Beispielen belegt zu haben. Auf die Fremdwörter ist hier, wie überhaupt, keine Rücksicht genommen.

1) סינתא כדירתא "langer Schlaf".

2) Die Wurzeln setze ich vokallos; die mit Syrischen Buchstaben geschriebenen Beispiele sind, wie ich schon oben bemerkte, aus Norberg genommen.

3) ܩܛܪ "räuchern" ist nicht, wie Norberg meint, gleich Syr. ܩܛܪ, sondern gleich קטר, ܥܛܪ.

ausgedrückte Erweichung des ס zu ו im מאונרא „Moschee" (مسجد), ﺑﻬﺘﻦ „Schande" (بِهْتَى) [1]. Die entsprechende Verhärtung des ס zu צ vor ט sehen wir einmal in لِصْق für لَصِقَ „deflectere"; ähnlich ביסקאת „mit dem Siegel" (Stat. constr.) = صِحْدَة.

Eigenthümlich ist dieser Mundart die Verwechslung von ו und ר in einer Reihe von Wörtern, die, mit Ausnahme von רמא וסמ „Blut" (רְמָא), im Arabischen ﺝ im Hebräischen ר haben; es sind dies der Demonstrativstamm וו in האוין fem. האוא dieser (הָדֵין, הָדָא) und האיוין (هَسْيَ), האיואך (هَسْيَاك) „damals", neben der seltneren Form האירך, ואהבא „Gold" neben רֵאהבָא, וכל „männliches Thier" (ذَكَر), אוֹל „hallen" (und viel öfter אחר), זבח „opfern" (neben מארבחא); וכא und דכא [2] „rein sein" und vielleicht noch einige wenige andere. Von diesen stehn auch sonst im Aramäischen דכא und וכא neben einander. Da, wo Doppelformen vorkommen, stehen sie, soweit ich sehe, ohne Unterschied der sonstigen lautlichen Verhältnisse; so steht z. B. nach einem Vokallaut בראהבא und ebenso nach einem Konsonanten על ראהבא, während sonst nach Vokalen und Konsonanten וארהבא gewöhnlich ist [3]. Die sonstigen Erscheinungen des Mandäischen Dialekts machen es wenig wahrscheinlich, dass dieser, immerhin auffallende, Wechsel dem Einfluss einer fremden Sprache zuzuschreiben ist [4].

14   Von den *Lippenlauten* steht פ für ב in סח, סאת „Tochter" (Stat. constr., sonst ברתא), סתילא „Jungfrau", vielleicht auch in סמס zerstören (vergl-

---

1) Vergl. Barhebr. gram. ed. Bertheau pg. 36.
2) So stehn z. B. ראכירתא und אתמצדתא (etwa „Reinheit" und „Unschuld") unmittelbar zusammen.
3) Ich vermuthete anfangs, dass ר hier nur für das nach einem Vokallaut aspirierte ר als Ruköchform stände.
4) Das dunkle Wort سُوْدَىْ, welches zweimal in einer Abschreibernotiz vorkommt, ist gewiss nicht, wie Norberg meint, „Wohnung" und von שב (sonst immer כתיב) abzuleiten, da eine solche hebräischartige Aussprache des Aramäischen ת im Mandäischen ohne Beispiel ist.

‎ܩܡܨܐ‎); ferner im Fremdwort ‎ܫܒܬܐ‎ „Sabbat"; ‎ܘ‎ für ‎ב‎ nur in ‎אדיא‎ „verloren gehende" von ‎כב‎.

‎ל‎ für ‎ר‎ haben wir in ‎כאלווא‎ „Ausrufer" (‎ܟܪܘܙܐ‎), ‎ר‎ für ‎ל‎ in ‎תארמירא‎ „Schüler" (‎תלמירא‎) und zur Dissimilation in ‎נירנלא‎ „Rad" (‎ܓܝܓܠܐ‎ für ‎ܓܝܓܠܐ‎). ‎ܚܒܠ‎ „projecit" (‎טלטל‎) und wahrscheinlich in ‎ܚܒܠܐ‎ = ‎ܥܟܒܠܐ‎ „perturbare" (nicht, wie Nurberg will, = ‎ܚܒܠܐ‎).

Der Wurzel ‎צחק‎, ‎ܓܚܟ‎ „lachen" entspricht nicht nur der regelrechte, im sonstigen Aramäischen aber nicht erscheinende Reflex ‎אחך‎ (Chaldäisch aber ‎חוך‎), sondern auch die gewöhnlichere, durch eine eigenthümliche Verwandlung entstandene Form ‎נחך‎ [1]).

Weit wichtiger als diese vereinzelt auftretenden Veränderungen ist die Behandlung der *Gutturale*, welche das wesentlichste Merkmal dieser Mundart bildet. Die Gutturale wechseln *wechseln keineswegs willkührlich*, sondern nach festen, nur wenig dehnbaren Regeln. Es sind hier besonders zu betrachten einerseits ‎א‎ und ‎ע‎, andererseits ‎ה‎ und ‎ח‎. Wurzelhaftes ‎א‎ und ‎ע‎ werden durchgängig gleich behandelt, d. h. sie halten sich nur im Anlaut als Spiritus lenis, während ‎ה‎ und ‎ח‎ meistens bleiben.

Schon im Syrischen büsst ein am Schluss der Silbe stehendes ‎א‎ gänzlich seinen Konsonantenwerth ein; steht es im Worte nach einer geschlossenen Silbe, so fällt es weg und die Silbe öffnet sich; ein blosser Vokalanstoss vor ‎א‎ fällt mit diesem zugleich weg. Dies Alles gilt im Mandäischen nicht bloss vom ‎א‎, sondern ebenso vom ‎ע‎.

Im Anlaut drückt ‎ע‎, wie wir oben sahen, nicht einen von ‎א‎ verschiedenen Konsonantenlaut aus, sondern zeigt nur die Verschiedenheit der Vokalisation an.

Nach Vokalen fällt also ein silbenschliessendes ‎ע‎ oder ‎א‎ weg: 1) Im

---

[1]) In dem eigentlich zu erwartenden ‎כהך‎ ist ein Wechsel des Anlauts geboten zur Vermeidung der Aufeinanderfolge zweier sich zu nahe stehender Gutturale; man würde nun nach ähnlichen Fällen ‎חהך‎ erwarten, und diese Form liegt auch der Mandäischen und dem Chaldäischen ‎חיך‎ zu Grunde, gewöhnlich tritt aber eine sonst fast beispiellose Verwandlung des ‎ז‎ in ‎נ‎ ein.

18

Anlaut מאברא „Uebergang" (مَخْضَا), אברויא „sie führten ihn über" (أحصروه), מיכאל „essen" (Inf.), נימאר „er sagt", חיבאר „du thust" (يَحِضْ), עמאר „ich sage" (إمَّد), עבאר „ich thue" (يَحِض). 2) Im Inlaut מאמט „Geschmack" (يَحِمَا), ראיא „der Hirte" (أَحِمَا), באראחא „Bitten" (رَحمَا/), רוואגא „Gedanke" (רַעְיָנָא) für (يَحِبْنَا), שיחא „Stunde" (שָׁעֲתָא) für (مَحَبَا). 3) Im Auslaut ניצבא „er färbt" (يَرِحَا), וארא „säend" (أوني), שומע „audiit, audiverunt" etc. (مَحَمَا, مَحْمَا), נאשמע „wir wollen hören lassen" (نَسَمَا), נידא „er weiss" (أرحَا), ארבא „vier" (أوحَا).

So fällt ע, wie א, nach einem silbenschliessenden Konsonanten oder einem blossen Vokalanstoss weg [1]; סירוניא „Strafen" (für פָּרְעָתָא = مَحْبَدا), חיבון „ihr bittet" (يَحِمم), ניביא „er bittet" (يَحَدا), צרכאן „laufe mich" (يَمِحْنَس), שימאת „sie hörte" (مَحَدًا), סיניח „ich gerieth hinein" (مِيحٍ), זירא „Same" (= أَحَدا), יאריא „wissende" (يَحَدا), יאריחאך „deine Verständigkeit" (für יְרִיעָתָךְ), יאריחון „ihr wisst" (يَحِحٍ إِنْجَمَ), סאבא „er sättigte ihn" (مَحدٌم), בוחא „Bitte" (يَحمَدا), ביח „du batest" (يَحَدا), בא „er bat" (يَحَا), עחאר „er wurde aufgeweckt" (אִתְעֵר).

Wie schon im Syrischen ein א zwischen zwei vollen Vokalen immer als י gesprochen werden soll [2]), so wird im Mandäischen auch wurzelhaftes ע zwischen zwei Vokalen zu Y. Also באייא „bittend" (يَحِبَا), Plur. באיין (يَحَمَ), מאייל „einführend" (يَحَدا), חייל „du trittst ein" (يَحَحَا), יארויא „Kenner" (يَمحَدا), נישחאייא „er wird reden" (يَمحَدا), דראייא „Arme" (رَنْحَا), סאייא „Stunden" (مَحِدا) [3]).

---

1) Da sich das Vorhandensein oder Fehlen eines solchen Vokalanstosses oft z. B. in Wörtern wie איגאנבנ, „interficientes" und ähnlichen nicht konstatieren lässt, so sind diese eigentlich verschiedenen Fälle zusammengestellt.

2) So wird aus אל und את, wenn sie aufs Neue zusammengestellt werden לאיית (layit), welches oft neben der ältern Zusammenziehung לית vorkommt, wogegen לאית (lait) dem Mandäischen ganz unbekannt ist.

3) Aus den Formen אלא־ (يَحْدَه) „er führte ihn ein" ראיבא „erlöschend" f.m.

Dagegen bleiben ה und ח, die, wie durch *ein* Zeichen ausgedrückt, auch ganz gleich behandelt werden, immer als erste und zweite Radikale: 1) היראת oder אהראת „sie war", נידריא „er ist", תיחזון „ihr seht", תיחאליף „du änderst". 2) נחית „er stieg hinab", אחכא „lachend", עחורת „ich steige herab", יאהיב „gebend", נאהליו „Bäche", ואהבא „Gold", כיוראהרין „sie hüten sich", כינהרין „sie leuchten" (بَنَهْرُون) für (بَهْتُون), כיביהתון „sie schämen sich", כיהראת „sie leuchtete", ניחחית „ich stieg herab", נירחוק „er ist fern", כינהאר „er leuchtet, באלחוראי „ich allein". Nur folgende wenige Wörter verlieren ihr ה oder ח als zweiten Radikal: אחורא „unter" (vergl. im spätern Chaldäischen חותי), סירא wahrscheinlich aus איתהראא, תיחאיא „der untere" ¹) (ܠܬܚܬܐ oder ܠܬܚܬ), „Mond", (סַהֲרָא)²), שידא „Geschenk" (مصر). Ferner fällt das ה der Suffixe הא הין und הן sehr oft weg (wie im Samaritanischen).

In sehr vielen Fällen verschwinden aber diese beiden Gutturalen als letzte Wurzellaute. Als solche halten sie sich zwischen zwei Vokalen wie in אלאהא „Gott", אלאהיו „Götter", אלאהרותא „Gottheit", ניאחא „Ruhe" „demüthig", ריחא „Geist", עתכיחאת „sie hatte Ruhe", ferner nach einem Vokal vor dem ה des Femininums z. B. תושביחתא „Dank", קידריחתא „Wurf" selbst beim Verbum פתחתחא „sie öffnete ihn". Sonst aber verschwinden sie im Auslaut, nach einem Konsonanten oder blossen Vokalanstoss sowie vor konsonantisch anlautenden Verbalsuffixen, spurlos z. B. רכא „er ging auf" (ركب).

(أخذ), darf man nicht schliessen, dass hier ein ב, auch ohne zwischen zwei Vokalen zu stehen, zu י geworden sei; diese Formen sind nicht unmittelbar aus den ihnen entsprechenden Syrischen, sondern durch regelrechte Ausstossung eines Vokals aus איל „er führte ein" ראייך „erlösehend" gebildet, wie נאלבשא „er bekleidet ihn" aus נאלביש und קאימא „stehend" fem. aus קאים. Bei אילא könnte man übrigens auch an eine Pa'el-Form יַיֵּל denken, da יַיֵּל im Talmud das Pa'el von על bildet.

1) התאחריא, wie in Norberg's Facsimile steht, ist mir sonst nicht vorgekommen und scheint auf einem Fehler zu beruhen. — In einer Abschreibernotiz findet sich auch להית „nach unten".

2) Aber סין, der Name der Mondgottheit, kann hiermit nicht zusammenhängen oder gar eine ältere Form von סהר sein, wie Chwolsohn meint. (Die Ssabier II, 158).

„sie gingen auf" (ונסמא), עתסאחתא „er ward geöffnet" (لِفْتَحَ), משאבנ „gepriesen" (مَحْتَس), אשכא „er fand", (امْتَس) „sie fanden", (امْتَسم), נד „Noah" (נסּ), מישא „Oel" (مِعْصَر), משאביא „gepriesene" (مَعْصَمِن), מאשבין „findende", (محمسمى), אשביח „ich fand" (امْتَصِدا), אנסיח „ich schrieb ab" (اسْمِرَا), חאשבין „ihr findet" (/محسم), אשבאחחן „ihr fandet", (امْتَسَمْ), אשכאנין „wir fanden" (/محسى), משאביח „du bist gepriesen" (مِشَبَحَتْ) für שְׁבָחְאָת, מִשְׁבָּחָת). Aus den Pronominalsuffixen ـِ und ـَ wird א und יא. Eine Ausnahme bildet bloss מארבחא „Opfer".

17 Aber der gar zu starken Abschleifung der Gutturale wirkt die Sprache durch einige eigenthümliche Mittel entgegen. Um das ע am Ende zwischen zwei Vokalen oder vor dem ה des Femininums zu schützen, verwandelt sie es in einer Reihe von Wörtern in ה. So haben wir רקיהא „Feste", (/رْقِيعَا), מאסביהא „Sprudel" (von נבע), מאריהחא „Bewusstsein" (مى), ויידחא „Schreck" (זוע), דימיהחא „Thräne" (بِحْدا). Ebenso ist נביהא „Prophet" (נְבִיאָה) gebildet.

Noch häufiger schützt aber die Sprache ein sonst aufangebendes ה durch Umsetzung; so viele Formen von מחה (فَتَح) z. B. סיחחא לסורנא „er öffnete ihn, seinen Mund" (für פָּתְחָה, פָּתַח), סאחחיח „du öffnest" (فَتَحُدا), ניסיחחא „er öffnet sie" (يفْسَحُ), חיסיחחן „ihr öffnet" (/فسم) u. s. w., סיחלא וי סלא „der Dienst den er that" (حكم احكم) und andere Formen von מלה (سمل, עיחרא „aufgehend" von רנא (עשחיחכאת „sie ward gefunden" (امْتِسْنَتْ), „Weg" (لِيطَ). Vergl. noch bei Norberg ܫܘܠ = ܚܠܠ.

Auf welche Weise ferner das ה als Auslaut der Verba geschützt wird, welche als zweiten Wurzellaut ו, als dritten ה haben, werden wir unten sehen (§. 41 und 45).

18 Ausser in den angegebnen Fällen ist der Wechsel der Gutturale unter einander im Mandäischen nicht häufiger, als in einer andern Semitischen Sprache. Die einzigen sichern Fälle, die ich kenne, sind das auch sonst im Aramäischen (und Arabischen) vorkommende אסך für مصر, האחיק „alt" und האסיקא

„Bach" für die gleichfalls vorkommenden Formen אחיק (خَمْصٌ) und אסיקא (Hebr. אָסִיק), endlich היק für حمص „ängstigen". Auf jeden Fall hat Norberg durch die Annahme beliebigen Wegfalls und beliebigen Wechsels der Gutturale sich zur Bildung vieler ganz falscher Formen verleiten lassen [1].

In einigen Wörtern haben wir die bedeutende Verstärkung des ע zu ק und zwar vorn in אקמארא „Staub" (خَمْصٌ), אקמארא „Wolle" (خَمْرٌ), hinten in ארקא „Erde" (Plur. ארקאתא), welche Form für אַרְעָא sich bekanntlich schon Jer. 10, 11 findet, wo ihre Richtigkeit durch die Mandäischen Bücher gesichert ist. Zu vergleichen ist das Samaritanische שקע für und neben שמע [2].

Ob die Mandäer die Unterscheidung von Ruköch und Qusôi beobachteten, lässt sich aus ihrer Schrift nicht erkennen, obgleich einige der oben angeführten Konsonantenvertauschungen, sowie der Umstand, dass in Niebuhrs Alphabet das Zeichen für k durch das Arabische ج erklärt wird, dafür sprechen, dass man die Aspiration vielfach anwandte. Ebenso wenig können wir wissen, ob sie die Verdopplung der Konsonanten nach der im Syrischen herrschenden Aussprache unterdrückten, oder nicht. Dagegen wenden die Mandäer als Ersatz der Verdopplung in einigen Worten die Einschiebung eines Nasals an, die sich auch im Chaldäischen und selten (wie in خَمْصٌ) auch im Syrischen zeigt. Dass dieser Nasal nicht, wie man wohl denken könnte, ein blosses Schriftzeichen für die Verdopplung ist, sieht man daraus, dass vor ב meistens die phonetische Umwandlung des נ in מ stattfindet. Diese Einschiebung ist ziemlich häufig vor ב, ג, ד, ר. So haben wir מאנדרא wahrscheinlich = מַדָּע, מִנְדַּע „Verstand", מַדָּא = مَدًّا „Maass", ראנדיד „er

---

1) Selbst die Eigennamen hat er so ohne alle Noth verdreht, wie wenn er z. B. aus חיביל d. i. der Hebräische הֶבֶל בְּכוֹר macht.

2) Dagegen ist عدل = عرد, nach einer Form, welche Norberg aufführt, schwerlich richtig; die Wurzel findet sich in der gewöhnlichen Gestalt in مُحَدِّدَاتٌ (schreib תחרירתא) „oppositio".

(נֶגְרָא) „faber", (אַתְגָרוּ), נאגנארא „sie kauften", עתאגנאר . (רְדַד) für „verjagte"
(קרבָּא) „Gewölbe", (חֲבַל) „du verdirbst", חיחאמביל (אַבָּא) „Frucht", עמבא
Ein doppeltes ל wird nur in einem einzigen, aber sehr häufigen Wort
zu כל und hier scheint die Unerträglichkeit dieser beiden Laute neben einander die Einschiebung eines sonst ganz unstatthaften Vokals bewirkt zu haben; so haben wir ביגילחא das Wort (מִלְחָא), Stat. constr. מינילאת, mit Suffix מיגילתאך „dein Wort", Plur. מינילא „seine Worte" [1]). Eigenthümlich ist
בינחא, Nebenform von באיחא „Haus" (§. 57).

Ursprüngliches נ bleibt im Mandäischen hartnäckiger, als im Syrischen.
So haben wir die Formen אנסיא „Gesicht", שינחא „Schlaf", מדינחא „Stadt",
נאמבא (מאן, מִדַּעָם, [2] מִנְדְּעַם) „Etwas" (für מינראם) (מֶטּל) „wegen", אמינטול
oder אנאמבא „Seite" (ܓܒܐ). In אנאח „du" und אנאחן „ihr" ist zur Erleichterung der Aussprache ein Vokal eingeschoben. Bei den Verben פי fällt
das נ unter den bekannten Umständen gewöhnlich weg und Fälle, wie שינחאר
„abfallen" (Inf.) sind selten. Zu מ wird ein solches נ vor ב in מאמביהא (נבט)
und מאמבונא (ܢܒܥ) „Sprudel". Ferner fällt das נ weg in שיחא „Jahr" zum
Unterschied von שינחא „Schlaf".

Ein flexivisches auslautendes ן fällt immer ab, wenn daran enklitisch die
Präpositionen ב, ל mit einem Suffix treten. Beispiele sind sehr zahlreich z. B.
(ܕܝܢܝ ܠܗܘܢ), ראינילון „judicantes eos", (ܡܠܦܝ ܠܗܘܢ), מאלמילון „docentes eos",
ניחרובא „sie freuen sich darüber", (ܝܣܦ ܟܗ), קרילון „sie riefen sie" [3],
אמארחולילא „ihr saget mir" (ܐܡܪܝ ܠܝ). Ausserdem fällt ein flexivisches ן

---

[1]) Doch im Plural auch בילייא (ܡܠܐ).

[2]) Diese Form soll im Targ. Jerus. gestanden haben (Buxtorf s. v.); ich glaube
fast, dass sie sich auch in der Inschrift von Carpentras findet, wo ich in der
zweiten Reihe lesen möchte מדרעם באיש לא עבדח „aliquid mali non fecit"
= מדעם (?) ܡܕܥܡ ܠܐ ܚܨܦ. Das נ ist auch in der Neusyrischen Form *mindi*
erhalten. (Siehe D. T. Stoddard, Grammar of the modern Syriac language
im Journal of the Amer. or. Soc. Vol. 5. pag. 147).

[3]) Ohne לון hiesse es קרון.

oft weg in der weiblichen Pluralendung א für ןא, und stets in der 3. Person Plur. fem. Imperf. [1]).

Dasselbe geschieht, wie in den andern Aramäischen Dialekten, bei der Zusammenziehung der Participien und Personalpronomen (siehe unten).

Ein ר wird eingebüsst in תאמ, תם „Tochter", wie auch im Syrischen ܒܰܪܬ das ר zwar noch geschrieben, aber nicht mehr gesprochen wird.

Ein ח fällt in einigen reflexiven Verbalformen weg, ferner zuweilen auslautend in der 1. Pers. Sing. Perf. vor ב oder ל. Siehe unten §. 32.

Eine bloss graphische Zusammenziehung ist die zweier ל bei Wörtern, die mit ל auslauten und an die sich eng die Präposition ל mit einem Suffix hängt z. B. איילן „eintretend zu ihnen" (ܥܳܐܠܺܝܢ ܠܗܽܘܢ), עתילך „ich gebe dir" עחילכון „ich gebe euch" (ܝܳܗܶܒ ܠܟܽܘܢ), שקאליא (ܫܰܩܠܶܗ) „er nahm ihn" (ܫܩܰܠܶܗ).

Eine dem Semitischen sonst fremde Einschiebung ist die des ב zwischen ס und ר in עסברא „Lamm" (ܐܶܡܪܳܐ), dessen Plural עמברא und im Diminutiv עמברסא „Schäfchen".

Eine Einschiebung für die Verdoppelung haben wir noch in לילבא „Herz" (ziemlich oft neben ליבא), in כארסא „Hand" (= ܟܰܦܳܐ), נארסא „Flügel" (wahrscheinlich für גנָא, גנפָא; wie auch im Chaldäischen z. B. Targ. Cant. 2, 15, 16) und, wenn die Form richtig ist, in ܫܰܢ̈ܬܳܐ „Jahr", wie Norberg schreibt, während Lorsbach שנא hat.

Umsetzung der Konsonanten findet ausser in dem oben bei den Gutturalen angeführten Falle statt in den Wörtern ליגרא „Fuss" (ܪܶܓܠܳܐ), ארכבא „Skorpion" (ܥܶܩܰܪܒܳܐ), in einigen Formen der Wurzela ברך knieen (z.B. נארבכא „wir wollen sie beugen" (ܢܶܒܪܟ̈) und vielen von ילד (z. B. יארלא „gebahrend" fem.). In allen diesen trifft die Umstellung ein ר oder ל, welche Buchstaben bekanntlich auch in andern Sprachen gern ihre Stelle wechseln. Dazu kommt denn noch das von Altersher eingebürgerte Fremdwort סינראמא „Sache" (ܣܰܩܶܦ).

---

1) Fast durchweg fallen flexivische ן bekanntlich im Talmudischen ab.

Zweiter Theil.
Formenlehre.
Pronomina.

Die selbständigen *Personalpronomen* sind אנא „ich", אנאת „du" (für beide Geschlechter), הו „er", העּ „sie" (§. 5). אנין (Samarit. Talm. אנן) „wir", אנאתון „ihr", הינון „sie" [1]).
Nur הינון kann mit der Präposition ל stehn und verliert in diesem Fall seinen Anlaut z. B. ואי ליטן „wehe ihnen".
Die Objekts- und Genitivsuffixe werden wir unten beim Verbum und Nomen behandeln. Leber ריל mit Suffixen vergleiche unten §. 08.

Demonstrativa. Das in allen Aramäischen Dialekten vorkommende Demonstrativ דן ist im Mandäischen nicht mehr in einfacher Gestalt erhalten, dagegen kommt das Femininum רא doppelt gesetzt in neutrischer Bedeutung noch vor in Redensarten wie ܗܘ ܗܕܐ „über dies und jenes" (Norb. I, 138, 142). Häufig sind aber beide Wörtchen in der Zusammensetzung mit der im Aramäischen und Arabischen weit verbreiteten Demonstrativinterjektion הא, und zwar bleibt auch die Maskulinform, wie im Chaldäischen und Samaritanischen, vollständig und wird nicht ihres ד beraubt [2]); nur wird in beiden

---

1) Das Femininum הדין kommt nur mit הארתין zusammengezogen (תארתינין „sie beide") vor.
2) Es ist mir nämlich nicht zweifelhaft, dass das *nur im Syrischen* vorkommende ܢ in manchen Pronominalformen aus ܕ verstümmelt ist. Denn wie הָאֵלֵּין = ܡܳܢܶܝܢ, חָדֵן = ܗܳܐ, ܗܳܢܐ, so ist der entsprechende Sing. Mask. חָדֵן = ܩܘ oder im Stat. emph. הָדֵין = ܗܳܢܳܐ. (Das Syrische bildet alle diese Formen mit ܢ, entbehrt aber der einfachen, die im Chaldäischen überwiegen). Ebenso ist ܡܰܢܘ, ܡܰܢ „was" = מָא דֵן, דְּנָא דָא; ܐܰܢܳܐ = דְּנָא אֵי (wie das Fem. ܐܳܝ = אֵי + אִי. Plur. ܐܰܝܠܶܝܢ = אֵלֵּין + אִי. Auf keinen Fall darf man sich durch unsere Syrischen Grammatiken verleiten lassen, wegen des zufälligen Gleichklangs ܗܳܝ mit ܗܳܢܳܐ zu verbinden; wie ܗܳܘ und ܗܳܝ aus ܗܘܗܝ und ܗܝܗܝ (wofür leider durch den Glauben, dass hier der Hebräische Artikel vorliege, die Schreibart

Geschlechtern ר in ד verwandelt (§. 13.). Also האוין „hic", האוא „haec" [1]). Beide können sowohl für sich allein, als mit Substantiven verbunden stehn; ebenso der Plural, האלין „hi", wie هَٰؤُلَاء aus הָאִלֵּין zusammengezogen. Für die Femininform האוא (z. B. האוא דמותא „dies Bild") tritt oft die Maskulinform ein z. B. האוין מאצבירחא „diese Taufe", רוכחא האוין „dieser Ort". האלין ist, wie in den andern Dialekten, commune z. B. האלין די „ii, qui" und האלין תלאת באואתא „diese drei Bitten".

Auf das Entferntere wird im Mandäischen, wie in den andern Aramäischen Dialekten, durch Zusammensetzung des Pronomens der dritten Person mit הו hingewiesen; vom Singular habe ich bloss einigemal die Maskulinform gefunden z. B. האהו גאברא, להאהו תארואן „jenen Tarwan" (n. pr.); Norberg hat auch das Femininum und schreibt es هُوْت (II, 312; wahrscheinlich wird es האהע geschrieben). Den Plural האנין (= هُمْ, هَامَن) Talmudisch (הגי) habe ich einmal mit einem Maskulinum (יארדניא) und einmal mit einem Femininum (שכינאתא) gefunden. Gewöhnlich erhält aber diese Form noch das auch im Chaldäischen [2]), besonders aber im Arabischen vorkommende schliessende ل und wird dann zu האניך „illi" [3]) absolut und mit Substantiven beider Geschlechter verbunden. Als Singular steht diesem האניך dem Gebrauche nach zur Seite das kurze, auch im Talmudischen vorkom-

---

דהיא und ההיא gebräuchlich geworden ist), so ist هٰذَا aus הָאֵין zusammengezogen; es ist weder der *Ableitung* noch dem *Gebrauch* nach Plural von ذَا, denn ذَا heisst „*dieser*", هٰذَا aber bedeutet „*jene*" und ist gerade so der Plural von هُوَ wie هُمْ der Plural von هُوَ ist; die beiden Paare unterscheiden sich nur durch den Zutritt oder das Fehlen des ה. — Auch das Neusyrische behält das ר bei in hâdî für beide Geschlechter (Stoddard a. a. O. S. 23).

1) Norberg II, 146 hat mehrmals هٰذَا ست hic est (הוא), mit ז und auch ז הן (fem.) „illud quod" I, 136.

2) דך, אלך aus דן und אלן + ה. Auch im Neusyrischen هٰكَذَا „so" (Stoddard 137) haben wir das Anhängsel.

3) Vergl. דצך „isti" im Talmud.

mende הָאךְ [1); z. B. בריך האך יומא וי נהורא "gesegnet sei jener Tag des Lichts", משאבא האך שכינתא "gepriesen sei jene Schechina" [2]), jener Mana", להאך מאנא. Norberg hat dafür, besonders beim Femininum (jedoch nicht ausschliesslich z. B. ܗܳܕܶܐ II, 26) oft ܗܳܕܶܐ. Einmal finde ich als Femininum האכע in להאכע אנאנא כאסיתא "jene verborgene Anana".

Noch häufiger ist ein nur im Mandäischen vorkommendes Demonstrativ. האנאתא (Mask. האנארא ראזא, האנארא "dies Geheimniss", האנארא יארדנא "dieser Jordan". האנאתא ומא, "dieses Blut", Fem. האנאתא שכינתא, "diese Schechina"). Plural ראנאחון (ראנאחון מיא, האנאחון יארדניא "dieses Wasser", האנאחון יארדניא "diese Jordane"). Obgleich diese Form auch beim Femininum vorkommt, (האנאתון נישמאתא "diese Seelen"), so ist die eigentliche Femininform doch gewiss zu finden in أَنْفُس ܓܠܶܟ ܡܝܐ Norb. I, 240. Demnach gleichen also die Endungen ganz den betreffenden Suffixen der dritten Person (א = ܗ, und ܘܢ = ון ,ܗܘܢ ;ܗ = ܗ). Ich möchte nun in dem, was dieser Endung vorhergeht, einen Rest des sonst im Mandäischen gar nicht, in den andern Dialekten theilweise noch als Objektpräfix vorkommenden ית sehen. Bekanntlich gebraucht die Mischna אותם, אותו u. s. w. ganz als Demonstrativ für das Entferntere, wie das Hebräische ההוא, הָהֵם. Schwerlich hat die Mischna diesen Gebrauch anderswoher genommen, als aus der Quelle, aus welcher fast alle ihre Abweichungen vom Althebräischen stammen, 'aus dem Aramäischen. Ich erkläre nun האנאתא aus א + אח + הין + רא; vorne also zwei hinweisende Interjektionen; הין "ecce" werden wir unten wiederfinden [3]). Ich gebe diese Erklä-

---

1) Z. B. הַךְ מְלְתָא vergl. Baxtorf s. v. הָךְ.
2) Dies Pronomen steht besonders bei hoch verehrten Gegenständen und Personen.
3) Wenn ܗܽܘ (Norb. II, 4 lin. 15) richtig ist, so ist es eine ähnliche Zusammenziehung aus הא + הין + הו, "en ecce ille" also gleich dem Talmudischen היינו, in welchem das ‎i von אנהו mit dem d zu ‎ai verschmolzen, nicht weggefallen ist. — Vergleicht man die Talmudischen Formen אידו "er", fem. אידי (aus אינהי, אינהו], Plur. אינהו, אינהי (mit dem regelrechten Abfall des schliessenden flexivischen ן für אינהון, אינהין), als Suffix מי נהו (ebenso) mit den sonstigen Aramäischen Formen אנון, הָמוֹן, יתון — u. s. w., so kann es nicht zweifelhaft sein, dass wir hier Zusammensetzungen des einfachen Pronomens

rung durchaus nicht als gewiss aus, und bin bereit, sie gegen eine bessere zurückzuziehen, aber das halte ich fest, dass diese Formen am Schluss ein Suffix der dritten Person haben.

Misslich ist es, über das *Relativ* zu sprechen. Das als solches erscheinende Wort kann seinen Zügen nach nicht gut anders als ד gelesen werden[1]). Eine solche Form muss nun aber von vorn herein sehr bedenklich erscheinen. Sehen wir nun, dass די nur mit der Präposition כ verbunden werden kann (כדי = فَمْ) sowie einige Male mit על, sonst aber nach Präpositionen und י die allgemein Aramäische Form ד erscheint (על דקאימיא, „über die, welche stehen", ודאברתין, „und was wir thun" ..., مَنْخَصِرِ سَنِّ, צאימא די ארבא יומיא ודחאמשין ודשיחין „das Fasten von 4 Tagen und von 50 und 60", ודאחאן „und unserer Brüder" u. s. w.), so kommen wir auf denselben Gedanken, wie schon Norberg, dass dies די bloss eine kürzere Schreibweise für das etwas weitläufige Zeichen ד ist. Freilich spricht dagegen, dass der Buchstabe ד im Mandäischen sonst sich dem folgenden anschliesst, während das Relativ frei steht; doch hat die Annahme keine Schwierigkeit, dass die Weise des Estrangelo, ד nicht mit dem folgenden Buchstaben zu verbinden, in diesem Falle geblieben sei, indem hier das Interesse für die Deutlichkeit dem sonst herrschenden Streben entgegenwirkte, die kleineren Wörter recht eng an die grösseren zu hängen. Das an drei Stellen vor א vorkommende Relativ ט (רוחיא טאבאהאתאן = טאביר = ۊَتْم, „die Geister deiner Väter" und zweimal „wer da thut") ist dann gleichfalls für ein verzogenes ד zu halten. Da auch

---

הין, הין, הי, הו mit den demonstrativen דָךְ, דִךְ haben. Bei dem im Talmud als Kopula gebräuchlichen יִנְהוּ „sie" scheint dies Wörtchen sogar zweimal vorgetreten zu sein. הסו und הבין ist hiervon zu trennen.

1) Freilich ist im Weimarer Facsimile der erste Strich immer viel schräger, als der des anlautenden י und der letzte Strich des י fehlt oft ganz; auch in den Oxforder Handschriften ist nach dem Facsimile bei Hyde und einzelnen Abzeichnungen bei Lorsbach der erste Strich nicht ganz wie der des ו, dagegen gleichen sich beide genau in Norbergs — jedoch schwerlich ganz zuverlässigem — Facsimile. Das dem בר entsprechende Wort wird aber auch in der Weimarer Handschrift genau wie כדי geschrieben.

Petermann immer de ausspricht, so ist es wohl kaum zu bezweifeln, dass Norberg in diesem Punkte Recht hat. Jedoch wollen wir, bis die Sache völlig aufgeklärt und die Aussprache des überaus häufigen כוי bestimmt ist, einstweilen die Schreibart וי beibehalten [1]).

27 *Fragepronomen* sind מאן wer und מא was; beide verbinden sich oft mit הו zu מאני, מאהו. Die indirekte Frage bildet וי מאהר: מאהר וי אבדיא לא יאדיע מאדר וי „nicht wissend, was sie thun", כילמאהו וי אמארח „quidquid dixisti."

Verbum.

28 Die *starken Verben* zeigen, wenn man die allgemeinen Laut- und Schreibregeln berücksichtigt, nicht viele Abweichungen von den Syrischen Formen. Die gewöhnlichen Stämme, Qal, Etpéel, Páel, Etpáal, Af'el, Ettaf'al, sind alle hinlänglich vertreten, auch finden sich einzelne Beispiele von Šaf'el und andern seltneren Stämmen, welche aber *für die Praxis* als vierradikalige Verben betrachtet werden können.

Das n der Reflexivstämme erfährt bei Verben, die mit Zischlauten beginnen, die Umsetzung resp. die bekannten Veränderungen. Beginnt die Wurzel mit n, so verschmelzen beide n für die Schrift wenigstens zu einem (z. B. עתאבאדתן „ihr wurdet gebrochen" = אתַבְּרתוּן, עתרוצאתן „ihr steht gerade = אֶתְרְצַחתּוּן, vor ר und ט assimiliert sich zugleich das n des Reflexivs, also עטאראש „sie wurden taub" (von טרש), עדאסאיחתן „ihr seid gereinigt' (אִדַּכִּיתוּן). Aber auch vor andern Lauten verschwindet (wie im Talmudischen)[2]) das n nicht selten z. B. עטאראר „ist geordnet", עראמבאל „sie wurden zerstört" (ܐܣܬܚܒ), עלאבאש „er bekleidete sich (Var. אתלאבאש), ענאנדראיחרן „ihr wurdet bewegt" (Pe'el nach §. 19 von נרא); namentlich geschieht dies in den Participien z. B. טיחשיב „gerechnet" (ܡܚܫܒ), מיסםכ „entfernt", סיכאידיא „wir sind gezeichnet" (ܡܶܐܣܰܬܒܣܺܝܢ), מיסאסריא „dissoluti", מרטיטיסין „pudefacti" (ܡܰܕܰܟܡܶܢ).

---

1) Auf keinen Fall darf man das Mandäische Relativ mit Lorsbach aus dem Persischen ableiten.

2) Z. B. אירמס (Ab. zara 17b) סיבצי für אתחרמס, אחנַיֵר, בְּחנַצֵי, אניײר.

Im Qal wechseln die charakteristischen Vokale stärker als im Syrischen. Auch bei Transitiven hat das Perfekt oft *i* z. B. מזיג „er mischte", נסיב „er nahm"; im Imperfekt und Imperativ breitet sich *i* für *a* aus, und zwar stehn in beiden Fällen oft zwei Formen nebeneinander z. B. נסיב und נסאב „er nahm" לנסט und לגיט (ܟܡܝ); Impf. ניסאב und נסיב, סניד und סנד „betete an" (Perf. סניד). Auch vom Perfektum mit *a* haben wir die jedoch nicht sichern Beispiele שכיב (neben שכיב „lag") und רחום (neben רחים „liebte".

Im Etpe'el erhält der erste Radikal, wo er nothwendig vokalisiert werden muss, nicht *a*, sondern *i* z. B. עחניצבאח „sie ward erhöht" (אֶחנְצְבַח, ܐܬܢܨܒ).

Die Femininformen werden allmählich durch die Maskulinformen verdrängt, auch wo sich noch Reste von jenen erhalten haben.

Im Folgenden gebe ich eine Uebersicht über die Formen des starken Verbs so jedoch, dass ich die Belege für die einzelnen Personen und Numeri aus dem Qal und den andern Stämmen zusammenstelle. Um nicht für manche Fälle zu wenig Beispiele zu erhalten, habe ich auch solche von Verben י׳ו und tert. Gutt. aufgenommen.

Die nicht sehr zahlreichen Infinitivformen werden wir besser beim Nomen zusammenstellen, während wir die Partizipien schon hier aufführen müssen, da sie zur Bildung eines neuen Tempus dienen.

Perf. Sing. 3. Pers. m. Qal שבאק „er verliess", חראץ „ordnete", לנאט 29 „slieg", נחיח „betete an", סניד „nahm", נסיב „fiel", נסאל „nahm", לניט und hinab", רחים „liebte" und שכיב „schlief", רנא „ging auf", טומא „hörte". Pa'el מאליל „redete", קאביל „nahm an", גאליל „offenbarte"[1], שארער „sandte". Af'el אסריש „lehrte", אחריב „zerstörte", אשכא „fand". Das א in האימאן "glaubte" ist sehr auffallend. Etpe'el עחיננר „ward ausgebreitet" (ܐܫܬܒܚ), עחינביל „ward gebildet". Etpa'al עחחאשאב „dachte sich aus", עחאמראק „ward befreit", עשחארער „ward gesandt", עסארער „ist geordnet". Ettaf'al עחאשטאל „ward erniedrigt", רחהאיםאן „und er glaubte" (S. 2). 3. Pers. fem. לינטאח „sie nahm", ניסקאח „sie ging aus", ניהראח „sie

---

1) Im Pa'el so immer für נאליל.

leuchtete"; בוטלאת "sie ward abgeschafft" und בוטנארה "sie ward schwanger" haben vorne א; אחדראה "sie wandte um", עתניצבאח "sie ward erhöht".

2. Pers. für beide Geschlechter סתאקת "du versagtest", בחארת "wähltest aus", לנאטת "nahmst" [1]), נחיחת (sic) "stiegst hinab", כאדיכת "logst" (Pa'el), חאשיבת "dachtest", אחריבה "zerstörtest", עתינציבת "wurdest gepflanzt", עתסאראקת "bist befreit", עשתאיואכת dasselbe.

1. Pers. סינדרית "ich betete an", כירבית "ich log", חוטרית "ich bin vermindert", שאלטית "ich bevollmächtigte" (Pa'el), אוברית "ich erhob", אשכית "ich fand" (المجعد), עתאחברת "ich bin abgeschlossen" (Etpa'al).

Plur. 3. Pers. m. ganz wie der Sing. [2]) רנאו "sie zürnten" (رَنَوْا), שקאל "nahmen", נהאר "erglänzten", רחים "liebten", רנא "gingen auf", (نسمه), שומא "hörten" (مُعدها), סאקיד "befahlen", wofür seltsamerweise auch סאקאד vorkommt [3]), מאליל "redeten", עתינציב "wurden erhoben", עתראנאו "wurden erzürnt", עשתאראר "wurden geschickt", עתאמראש "emanierten".

Ausser der Form mit erhaltenem ו, welche wir weiter unten betrachten werden, haben wir hier aber noch eine seltsame Nebenform auf ין, die aber dem ו ein י vorhergehen lässt, für welches ich noch keine rechte Erklärung habe finden können [4]). So haben wir כתאבירן ואמרישיון "sie schrieben und lehrten", לנאטיין "nahmen", סליקיון "stiegen", רנאוידן "zürnten", שימאיין "hörten" [5]), קאבילדן "nahmen", טינם "zeugten" Norb. II, 114.

---

1) Zur Erleichterung der Aussprache wird dafür einmal ein Vokal eingeschoben לנאטית.

2) Auch im Talmud stehen neben Formen mit erhaltenem ו nicht selten solche, welche dasselbe eingebüsst haben; nur hat dann das ו wenigstens den vorhergehenden Vokal gefärbt z. B. זבון "sie kauften" ab. zara 13b, 24b, כנוף "kamen zusammen" ebend. 19b, עבוד "thaten" ebend. 26b, גזור "bestimmten" 36b und sonst, אינגיר "wurden Proselyten" (öfter, Etpa'al).

3) Auch bei Norberg s. v. مصدد.

4) Man könnte an eine Zusammensetzung mit הון, הדון denken, aber dies ist wenig wahrscheinlich bei der ähnlich gebildeten Imperativform; oder man kann י als Bezeichnung eines eigenthümlichen Vokallauts auffassen (etwa e).

5) Museum 66 ist dafür falsch שימטיון gedruckt; überhaupt sind in jener Gegend viele Vokalzeichen ausgelassen.

3. Pers. fem. lautet gleichfalls wie der Sing. m. שבאך „sie (die Frauen) liessen" (مَضَب), נסאל, „fielen", נסיב, „nahmen", עתירשים, „wurden bezeichnet", עצטבא, „wurden getauft" (ܠܝܚܚܒ), עתהאימאן, „glaubten". Aber in מראשיאן . . . ויּ שכינאחא, „die Schechina's, welche emanierten" haben wir eine der eben besprochenen Maskulinform sehr analoge Bildung, welche sich zu مَفْحَم fast eben so zu verhalten scheint, wie כתאביין zu مَفْحَم.

2. Pers. m. חאשיבתון „ihr dachtet" (Pa'el), אשכאחון „fandet" (امضسم), עתריצתון „standet gerade" (Etpe'el), עתאבארתון „seid gebrochen" (Etpa'al), עשתאנאשתין „seid verwirrt", עתאסאבכתון „wandtet Euch" (אסך = استمبضم).

Für das Femininum steht gewöhnlich die Maskulinform, doch findet sich noch נסילתין „ihr fielet".

1. Pers. נחיתכין „wir stiegen hinab" (نسمَنْ), נסאבנין „wir nahmen", נסאלנין „wir fielen", קאבילנין „wir empfingen", חאשיבנן „wir dachten", אשכאנין „wir fanden" (امضسنْ), ועשתמאנן „und wir wurden erhört"[1].

Imperf. Sing. 3. m. Qal נישקול „er nimmt", נילביש „legt an", ניסיב 30 „fällt", ניסיל „hört", ניש „nimmt", נילנאס „nimmt", ניסאב und ניצאסיח. Pa'el נימאבץ "empfängt", נירארריב "macht eben ähnlich", „erhebt". Af'el נאסריש „lehrt". Etpe'el ניחיברץ „wird abgewickelt", נישתיסל „wird erniedrigt", נישתיביץ „wird erlassen", נישקיל „wird genommen". Etpa'al נימאבאך „demüthigt sich", נהאמאמר „verbirgt sich", נחארוב wird gemischt" (یَهْم).

3. Pers. f. תינהאר „sie leuchtet", תיחרוש „sie sucht", תימוק „sie geht heraus", (נסק), תיסאק „sie steigt", (סלק von תסך), תיתריץ „sie wird geordnet" (חפרץ), תיתקבאל „sie wird angenommen", תישחאלאט „sie erhält Macht".

2. Pers. m. u. f. תירחום „du liebst", תישביק „du erlässt", תישקול „nimmst", תיגחיד „lachst", (Norb. an derselben Stelle — II, 62 — dafür תיחאמביל „veränderst", תיגאליל „offenbarst", תיראליך „zürnst", תירנאו (ܨܡܒ), „verdirbst" — תאנואר „entscheidest" — תיתיאקאר „wirst geehrt".

Die 1. Pers. behält unter allen Umständen ihr נ selbst vor dem א des

---

1) Mit ו dafür an einer andern Stelle ושתימאזין.

Af'el, vor dem dann ein י eingeschoben werden muss [1]). עַנְחִית „ich drucke",
עמיל „ich falle", בחיל ich gebe", עחות „ich steige nieder", עסאק „ich steige
auf", ענאלילאך „ich offenbare dir" (für ענאליל לאך), עיאמריש „ich lehre"
עחבאמאר „ich verberge mich". (oft)

Plur. 3. Pers. m. נינירון „sie leuchten", ניביהחון „werden beschämt",
ניסיהרון „zeugen", נימישן „salben" (نصمسم) für (נסמסם), ניחביהחון „werden beschämt", נישתיקלון „werden genommen", ניחיברון „werden gebrochen", (נִתְּבְרוּן).

3. Pers. f. בּיריזאן „sie (fem.) blinzeln", sonst immer mit Verlust des ן:
נינטלא „sie tödten" (نمهكَن), ניסקא „sie steigen", ניחקארבא „sie werden
genähert", ניחכאמרא „sie werden verschlossen".

2. Pers. m. und f. חילינטון „ihr nehmt" (يَحْمَهِم), חיחיסרון „habt Mangel", חיביצרין „desselbe", חיסיהרון „zeugt", חיסיחחון „öffnet" (§. 17), חיסקין
„steigt", חיקאבלון „empfangt", חיחסארקין „werdet erlöst".

1. Pers. נישבוק „wir lassen", ניסוק „wir gehen aus", נסאק „wir steigen", ניחריץ „wir sind aufrecht" (נִתְרִיץ).

Imperativ. Bis auf die Nebenformen des Plurals lauten alle Formen
gleich; ausser im Qal gleicht der Imperativ ganz der 3. m. sing. Perf. auch
in den Passiven.

Sing. m. שקיל „nimm", לנוט „nimm", חרוץ „bereite", רשים „zeichne",
סגיר „bete an", נסיב „nimm", סחא „öffne" (هَسِ), שומא „höre" (مُصْا) —
ארכאר „erwähne", קאביל „nimm", טאליל „rede", שאכבא „preise" (هَسِ) —
האימין „glaube", אסיק „lass steigen", אחיח „lass hinab steigen" (אֲנְחֵת), ועהאימאן
„und glaube" (Reflexiv), אחאמראש „lerne" (Ettaf'al).

Fem. לבוש „lege an" (لخُصَم), חרוץ „bereite", עחכבסאר „hebe dich weg".

[1) Vergl. von לִי: כיאכנא „ich gehe" und mit Suffixen כיאסקינאכין „ich führe
euch heraus". Diese hartnäckige Bewahrung des i im Präfix des Af'el findet
sich bei den andern Personen nur in den beiden Beispielen תייאלבשא „du
kleidest ihn an" und לא חיאחדאר „wende nicht um". Zu vergleichen sind
Chaldäische Formen wie תהזק, תהרג.]

"hört" שׁמא und שׁרמא "leuchtet", נהאר (ܟ̈ܡܥܝܢ) "nehmt" לנטס Plur. "befreiet euch", עתסאראק (ܐܡܟ݂ܣܗ) "findet" אשכא, "entfernt" ראחיק (ܡܩܨܗ), עורהאאר "hütet euch", עתאפראש "lernt".

Aber auch hier giebt es eine Nebenform auf ין: וסנוריון "und betet an"[1]), אחריביון "zerstört" (2 Handschriften), וחראחאמיין "und erbarmt euch" (2 mal).

Ehe wir weiter gehen, müssen wir noch die Veränderungen angeben, 32 welche die Formen des Verbum finitum erleiden, wenn an sie enklitisch die Präpositionen ל und ב mit einem Pronominalsuffix treten. Zum Theil werden durch diese Verbindung die ältern Formen geschützt, zum Theil entstehen aber auch Abschleifungen.

Die 3. Pers. m. Plur. behält in diesem Falle gewöhnlich die alte Endung ו (aber ohne ן), also גראלוליא "sie flochten mir", אמארוליא "sie sagten mir", אחדרליא ([2] "sie umgaben mich", הימאנרבא "sie glaubten an ihm", — שבוקילא "erlasst ihm", וסדרוליא "spielt mir", עוראהרילאיא "hütet euch mir" (öfter).

Das ן der 2. und 3. Pers. m. Plur. Imperf. und der 2. Pers. Plur. Perf. fällt in dieser Verbindung ab: נישביקולא "sie erlassen ihm" (oft), ניקריבולין "sie nehmen ihnen", אמארחדליא "ihr saget mir".

Bei der 1. Pers. Plur. Perf. tritt in diesem Fall der ursprüngliche Vokal a wieder hervor, aber das ן fällt ab: עצטבינאבא וי "in welchem wir getauft wurden" (ܕܐܨܛܒܚܢ ܒܗ).

Die 1. Pers. Sing. Perf. kann in diesem Fall ihr schliessendes ת verlieren, vokalisiert dann aber, wie die 3. Pers. Plur., nicht den ersten, sondern den zweiten Radikal[3]): אמארילכן "ich sagte euch" (= עמריח לכון), אבארילטן

---

1) An dieser Stelle fehlt bei Norberg das י (II, 90).

2) Man würde eher אחראהרוליא erwarten mit Bewahrung des Vokals der zweiten Silbe.

3) Vergleiche die Chaldäische Form קְטָלִיח oder קְטָלִיח = קְטָלִית z. B. Gen. 4, 23; 20, 5. Der Abfall des ת in der ersten Person ist im Talmudischen häufig z. B. עבדי "feci" und mit deutlicher Vokalisierung וביני "ich kaufte" ab. zara 39b.

„ich that euch" (ܝܰܗܒܶܬ ܠܟܽܘܢ), עהאבילאך „ich gab dir" (§. 39), אמרישילכון „ich lehrte euch".

Bei der zweiten Person kann in diesem Fall wenigstens eine Vokaleinschiebung eintreten z. B. מסאראחתלין „du übergabst sie" (ܡܫܰܠܶܡܬ ܐܢܬ), שקראוחברן (ܡܫܠܡܬ). „du betrugst sie" (Variante: שאקראחבין „du betrügst sie" Partic.), לגיטאחלא „du nahmst ihn".

33   Die *Participien* sind ganz die Syrischen: *Qal* act. באטיל „eitel werdend", אחיד „haltend", נאסיב „nehmend", נאסאר „bütend" (ܢܣܶܐ), יארא „wissend" (ܝܳܕܰܥ). pass. כריב „geschrieben", בריך „gesegnet". *Pa'el* act. מקאריב „nähernd", מסאליג „eintheilend". pass. משאלאט „bevollmächtigt", משאלאם „übergeben", מתאקאן „fest"; ähnlich מראוראב „erhaben". *Af'el* act. מאמריש „lebrend", מאשפיל „erniedrigend", מאסיק „herausführend", מארכיר „erwähnend", מאנהאר „leuchtend". pass. מאלבאש „bekleidet", מאסראש „erklärt", מארכאר „genannt". *Etpe'el* מיהינסיב „genommen", מיתריץ „aufgerichtet", מישתסיל „sinkend", מישתיבק „erlassen"[1]). *Etpa'al* מיסחאכאר „eingeschlossen", ähnlich מיתראוראב „erhaben". *Ettaf'al* מיתאמראש „belehrt".

34   Durch die enge Verbindung der Participien mit dem selbständigen Personalpronomen bildet das Aramäische ein neues Tempus. Die Verbindung der Theile ist im Mandäischen noch inniger, als im Syrischen; diese Form ist aber auch überaus häufig. Für die dritte Person steht das blosse Participium, nach Zahl und Geschlecht flektiert. Mit den Pronomen der andern Personen verbindet sich das Particip je in der betreffenden Numerus-, aber immer in der Maskulinform [2]).

Sing. 1. Pers. Aus אנא wird נא, wie in den übrigen Dialekten: סאגידנא „ich bete an" (סָגִדְנָא, ܣܳܓܶܕܢܳܐ), נאטארנא „ich warte", יארתא „ich weiss" (יָדַעְנָא), חתימנא „ich bin versiegelt", משאבאנא „ich preise" (ܡܫܰܒܰܚܢܳܐ),

---

1) Verkürzte Formen siehe oben §. 28.
2) Im Syrischen tritt eine Maskulinform für das Femininum nur im Plural der ersten Person ein. Hoffmann pag. 178. — Uebrigens werden zuweilen auch reine Adjektive ähnlich verbunden z. B. אנא ראבנא „ich bin gross" (ܐܶܢܳܐ ܐܒ̥ ܐܢܳܐ), יאקיריח „du bist herrlich" (יַקִּיר אַתְּ).

מארכאתנא und מארבירנא "ich lasse steigen", מאסיקנא "ich erkläre", מאסרישנא "ich erwähne", מיסחימיכנא "ich stütze mich".

2. Pers. Aus אנח, אח wird יח, vor welchem der kurze Vokal der Endsilbe, ausser im Af'el, wegfällt[1]): סאלקיח "du steigst" (סָלְקַח), יאריח "du weisst" (יָדְעַח), צאבית "du taufst" (צָבְעַח), בריכיח "du bist gesegnet", צבירית "du bist getauft", (צביעח), מיאקריח "du bist geehrt" (נֻסְּםָ͏ְ נֻם), משאביח "du bist gepriesen" (מְשֻׁבְּחַח), מארבירית "du erwähnst", מיחאשביח "du denkst" (מִחְחַשְׁבַח).

Aber wenn ל mit einem Suffix eng antritt, wird der ursprüngliche Vokal a bewahrt מאסראחלין "du übergiebst sie", יאהבאחליא "du giebst mir", אמראחלין "du sagst ihnen", יאראחלא "du kennst ihn", טשאבטאחלרן "du verwirrst sie".

Plur. 1. Pers. Aus אנין bleibt נין: סאלקינין "wir steigen" (סָלְקִינַן), אברינין "wir thun", חריצינין "wir sind gerade", מטאנסינין "wir sind verunreinigt", מיחבאמרינין "wir sind verborgen". Tritt aber ל oder ב mit einem Suffix daran, so erscheint auch hier wieder der ursprüngliche Vokal a: סאלקינאבא "wir steigen darin" (סָלְקִֽמָּֽם בּם), נאסבינאלא "wir nehmen ihn", מאסקינאלכן "wir heben euch".

2. Pers. אנחון und ין ziehn sich zu יחון zusammen: קארביחון "ihr sabt euch", בריכיחון "ihr liegt", יאריחון "ihr wisst" (נֻחַסְם), בריכיחון "ihr seid gesegnet", סמיכיחון "ihr seid gestützt", משאביחון "ihr seid gepriesen" (מֻחְמֵסַם), מאשביחון "ihr findet" (מֻחְחֵסִּם).

Als besondere Femininform kommt סאחחיחין "ihr öffnet" vgl. § 17 (und קאימיחין "ihr steht") vor. Gewöhnlich vertritt das Maskulinum auch hier das Femininum.

Die *Verba* נ׳ק assimilieren, wie die angeführten Formen zeigen, meistens ihr נ dem zweiten Radikal, wenn es eng mit diesem zusammentrifft. Selbst נחח bildet עחוח "ich steige nieder", אחיח "bring herab"; aber נדר bewahrt sein נ immer (נתהאר u. s. w.). Neben חיסקון, ניסקון steht נינחיחין; so ist auch in חיניטראך "sie bewahrt dich" das נ durch einen Vokaleinschub bewahrt.

---

1) Ganz so im Neusyrischen ܢܩܿܐ "du endigst". Stoddard a. a. O. 40 u. s. w.

Im Imperativ stehen neben כרק „geht heraus" (Plur.), סאק „steige" (fem.) und „steigt", סאב, „nimm" (fem.) die Formen mit erhaltenem כ: נסיב‎, „nimm". (Mask.) und נחות „steigt nieder" (Plur.).

36 Die ursprünglich mit י anlautenden Verben richten sich ganz nach den allgemeinen Gesetzen, welche diesen Laut betreffen. Wo der erste Radikal im Anlaut eigentlich vokallos wäre, steht א, also אבאר „er machte" (خَضْ), „sie machten" (خَضْ]‎, אראב „er ging unter" (خرْف), אבארת „du thatest", לאבארת „du thatest nicht" (§. 10), אבארנין „wir thaten", אבארין „sie thaten" (§. 29). Imperat. אבור (Var. אביר) „thut". Das Imperfekt lautet nach der Regel ניבאר (er), חיבאר (du), עבאר (ich), חיברון (ihr). Part. אביר „thuend". Af'el: מאביר „thun lassend" (مخْض), מאבד „überführend" (مُحدَض). Im Etpe'el fällt der erste Radikal spurlos weg: עתביד „es ist gethan" (zweimal = اُحِض). Vergl. unten die Verba אָ und יֹ.

Die sonstigen Verben mit *Gutturalen* brauchen hier nicht näher besprochen zu werden, da auch die wichtigsten von ihnen, die tert. gutturalis, durch die in den Lautregeln und beim starken Verb gegebenen Beispiele hinreichend erläutert sind. Ich bemerke nur noch, dass in der Form לא שמאיתון „ihr hörtet nicht" und ebenso in dem in einer Abschreibernotiz vorkommenden אכסון „sie schrieben ab" Verba mit schliessendem ע und ח ganz wie ל׳ behandelt werden. Doch möchte ich die Richtigkeit dieser Formen nicht verbürgen; wenigstens in der erstern Form erwartete man שמאחתון (مڤدخم) oder שומאחתון, während bei dem späten Abschreiber eine fehlerhafte Bildung nicht auffallend wäre.

37 Die *Verba* אֹ unterscheiden sich nur wenig von den עֹ. In Fällen, wo der erste Radikal im Perfekt eigentlich vokallos wäre, tritt א ein, aber statt des *i* in der ersten Silbe der 3. Pers. sing. f., 1. Pers. sing. (גיסקאת, סיגרית) haben wir oft ein *a*.

Perf. אמאר „er sprach" (اُمْ), אולאת (¹) „sie ging", אמארת „du sprachst",

---

1) Aus dieser und andern hier aufgeführten Bildungen sieht man, dass ל sein אזל nicht, wie im Syrischen, in manchen Formen unterdrückt.

עמרית "ich sprach" neben אוליח "ich ging" (ebenso עחית und אחית "ich kam")¹), אמארתין, ראסרין, אסאר, ראסאריון, ראסארינן "und sie sagten" wofür einmal sogar "ihr s." fem. אמארחין, אמארנין "wir" s.

Imperf. תחאל, חיםאר, חיםאר, חיזאל, "sie", ניםאר, ניזאל, נימאר, "du", ניםרילא und "sie essen" (mit ל ניכלרין, "ich", עזאל, עמאר, "du isst", חיכיל "wir". ניזול und ניזואל "ihr", חיםרין, "sie sagen ihm"), נימארילא

Imperf. אםור und אםאר "sprich", אכיל "iss", עויל (einmal mit Var. עזאל) "geh", אםארילא "sagt mir", אואלירן "geht".

Part. אויל "gehend", אמאר "sagend", עםיר "gefangen".

Im Af'el erhalten diese Verben, wie im Syrischen, vorne ai (איחיא "er brachte") oder au (ארכילחינאכרון "ich speiste euch"); doch finden sich von אחוא einige Formen mit Suffixen, welche bloss a haben: אחיא oder אחוא "er brachte ihn" (آتاه), אחיאן "er brachte mich" (آتمني), אחיריא "sie brachten ihn" ²).

Im Etpe'el fällt der erste Radikal spurlos weg: מיחםאר "gesagt" (مقولا), מיחסיך "umgewandt" (אסך), und aus dem so zu bildenden עחםאר "ist gefangen" wird dann durch die Umsetzung sogar עםחאר (zweimal)³). Im Etpe'al wie in den übrigen Stämmen haben diese Verben nichts Auffallendes z. B. עראסאכחין "ihr drehtet euch".

Verben mit *mittlerem* א sind mir im Qal und Af'el nicht vorgekommen. Im Pa'el und Etpa'el verwandeln sie ihr א, wie im Syrischen, in י und gehen dann ganz regelrecht: שאייל "frag" (Impt.), מׁשאייל "fragend", נישחאיאל "er wird gefragt", עשחאיאל "ich werde gefragt", מישחאיאלנא dasselbe (fehlerhafte Variante מישחאיילנא), מישחאיליח "du wirst gefragt" (מִשְׁיַּלַח).

Die *Verba* פ׳ behalten im Qal nicht bloss beim Perfekt, sondern auch beim Imperativ ihren ersten Radikal, wo er vokallos wäre, als y bei; beginnt derselbe aber eine geschlossene Silbe, so ziehen sie den Vokal a, dem sonst hier gewöhnlichen i vor, um die Verbindung yi zu vermeiden.

---

1) Die Form der ersten Person vor ל mit Suffix siehe oben §. 32.
2) Talmudisch אחיהי "sie brachten ihn" (öfter z. B. Ab. zara 17b)·
3) Vergl. das Talmudische אסר, אמר, אחד von אחסר, איחמר, אחחיר s. s. w.

Perf. עתיב „er sass" (ܝܺܬܶܒ), עליף „lernte" (ܝܺܠܶܦ), עהאב „gab"(ܝܰܗܒ),
יאהבאת „sie gab", יאהבית „ich gab", aber עהאבילאך „ich gab dir".
Imperf. נירא „er weiss" (ܢܶܕܰܥ), עהאב „ich gebe" (ܐܶܬܶܒ), חיתיב „du sitzest".
Impf. עתיב „sitze", ערא „wisse" (ܕܰܥ), aber האב „gieb" (ܗܰܒ). Merkwürdig ist aber die Form אהבאלא „gieb ihm", הבאלאן oder אהבאלאן „gieb uns", dessen א als ein interjektionelles Anhängsel, vielleicht sogar als ein Ueberbleibsel der freilich sonst im Aramäischen ganz verlornen Kohortativendung ־ה anzusehn ist. Plur. אהבוליא „gebt mir". Im Etpe'el fällt der erste Radikal (wie אund ע) weg: עתהיב „er ward gegeben". (ܐܶܬܝܗܶܒ, ܠܐܬܝܗܒ), חיתהיב „sie wird gegeben", מיתהיב „gegeben", מיתליד „geboren"[1].

Im Af'el wird der Anlaut regelrecht zu au: מאושטאט „ausgebreitet", מאותיב „setzend", מאתמינא „ich beschwöre", מהאוליל „jammernd". Doch kommt mit Suffixen nicht selten bloss a vor z. B. מאן נארעאן „wer lehrt mich", (ܡܰܢ ܢܰܡܟܶܒ) und andern Formen, welche unten bei den Suffixen folgen werden; an einer Stelle findet sich sogar in zwei Handschriften gleichlautend ארתבאן „er setzte mich" unmittelbar neben ארתבון „sie setzten mich".

Im Ettaf'al ist au in עתאורעא „es ward bekannt".

40 *Verba* ע.

Qal. Perf. 3. Pers m. קאם „er stand", צאר „er bildete". 3. f. קאמאה „sie stand", ואראה „sie zitterte" (ܙܳܥܰܬ). 2. Pers. לאמת „du lehrtest"[2]. 1. Pers. קאמית „ich stand", נימית „ich schlief". Im *Plur.* ist nur die 3. Pers. zu belegen קאם „sie standen" (ܩܳܡܘ) und (ܥܳܡܰܪ), דאר „sie wohnten" neben לאטירן „sie verfluchten" und ohne י קאמון „sie standen".

Im Imperf. fällt der lange Vokal meistens aus, wenn er in offner Silbe

---

1) Im Qal steht ילד fu ירד.
2) Aus תן ילף ist wahrscheinlich durch Vermittlung des Etpe'els יתליף, ניתליפון eine neue Wurzel לוף entstanden, deren Substantiv לאוטא „Lehre" ziemlich häufig ist. Aehnlich geht im Neusyrischen ילף und die andern ־־׳ in die Form ליף u. s. w. über (Stoddard a. a. O. p. 67].

steht. Durchgängig geschieht dies vor Suffixen (siehe unten §. 45): ניקים ‏„er steht", לא תירוק לאך ‏„nicht sei (3. Pers. f.) dir angst" (ܠܳܐ ܬܶܚܡܰܬ ܠܟ݂ܝ),
עמית ‏„ich sterbe", ניקמין ‏„sie stehn" (ܢܩܡܘܢ) neben נימיחון ‏„sie sterben", נירונין ‏„sie richten", תיכסון ‏„ihr steht", תיקמרליא ‏„ihr steht mir".
Imperat. קום ‏„steh", צרח ‏„höre", רון ‏„richte". Plur. קים ‏„steht" neben חיבירן ‏„kehrt um", חסירן ‏„erbarmt euch".

Part. קאיים ‏„stehend", חאיים ‏„sich erbarmend", צאיאר ‏„bildend", ראיין ‏„richtend". קאימגא ‏„ich stehe", קאימית ‏„du stehst", לאימית ‏„du lehrst", ראיתאתלין ‏„du richtest sie", קאימינאן [1]) ‏„wir stehn", מאיתיתון ‏„ihr sterbt", קאימיחון ‏„ihr steht" (fem.) — סים ‏„gesetzt", ליטיח ‏„du bist verflucht".

Vom Etpe'el kommt vor עתאר (אֶתְעַר) ‏„er erwachte" und ‏„erwache" (Impt.) und עתניראה ‏„sie hatte Ruhe" (ܐܶܬܬܢܺܝܚܰܬ), also sowohl die Syrische Vokalisierung mit i, als die Chaldäische mit a [2]).

Vom Af'el finden sich nur wenige Formen אסים ‏„er legte" [3]), אקים ‏„er richtete auf", יארימאת ‏„und sie erhob", אסים ‏„lege" (Impt.) מארים ‏„erhebend", מאקים ‏„aufrichtend". Formen vom Imperfekt siehe bei den Suffixen.
ועתאוירהאת ‏„und sie erbebte" scheint Ettaf'al zu sein.

Im Pa'el und Etpa'a wird das י nicht anders behandelt, wie ein starker Konsonant, also מקיים ‏„aufrichtend", מקיאם ‏„aufgerichtet", עתקיאאם ‏„sie wurde aufgerichtet", ניתקאיאם ‏„er wird aufgerichtet", מיתקאימית ‏„du bist aufgerichtet", ניתקאימא ‏„sie (fem.) werden aufg." (ܢܶܬܩܰܝܡܳܢ), נילאישא ‏„sie werden verunreinigt" (dieselbe Form ohne n) u. s. w.

Die Verba ע׳׳י, welche auf ח oder ה ausgehn, würden in den Formen, 41 in welchen der dritte Radikal den Auslaut bildet, bei der gewöhnlichen Behandlung des Gutturals zu sehr verstümmelt werden; daher hält die Sprache den Schlusskonsonanten dadurch, dass sie ein a anhängt; dafür fällt aber der

---

1) Wohl zu verbessern in קאימינין. Es stehen nahe dabei einige Formen mit dem Objektsuffix ינאן ‏„uns", durch welche der Abschreiber in die Irre geführt ward.
2) Doch findet sich auch im Chaldäischen die Form mit i.
3) אסמו ‏„sie legten" ist wahrscheinlich verschrieben für סמו, oder es ist Qal mit vorgeschl'agenem א.

radikale Vokal, wie in ähnlichen Fällen, aus. Wir haben also נחא „sei ruhig" (öfter Impf. von נסב); ורא ועחאורהא „erschreckt und erbebt" (mehrmals) Impf. Plur. Qal und Ettaf'al von סוו = נסו, עהאורהא „er erschrak" (Perf. Ettaf'al), لم‍ا bei Norb. I, 106, welches, wie das folgende مُطَا (so ist zu lesen) Perfekt sein muss, מארהא „riechend" (Part. Af'el. Mask. im Stat. absol. zweimal in je 2 Handschriften), ניהאנהא „er ruht aus" (Impf.). Diese Formen können nicht, woran man zuerst wohl denken kann, als von Nebenwurzeln לה abgeleitet angesehen werden, denn sonst müssten sie zum Theil auf אn statt auf א ausgehn.

Die Verben, welche ihr mittleres ו immer als Konsonanten behandeln, wie רוא „exsultavit", werden natürlich ganz wie die starken flektiert.

42   Die *Verba* לה sind auch im Mandäischen stark vertreten und wir können daher die meisten wichtigern Fälle durch Beispiele belegen.

Perf. Sing. 3. Pers. m. Qal חזא „er sah", קרא „rief", אהא „kam", בא „bat" (كَبَا). Pa'el ראליא „bob auf". Af'el אסגיא „ging". Etpe'el עהיקריא „ward gerufen" (ـعـل). Ettaf'al עהאהויא „ward gesehen".

3. f. מלאה „sie ward voll", טראה „lös'te", אהאה „kam", לאהיסמיאה „ward nicht verdichtet" (ـمـشـل لا), צראסמיאה „sie glich".

2. Pers. חזית „du sahst", בית „batest" (كبـه), ראביח „erzogst" (Pa'el). עהינליח „offenbartest dich".

1. Pers. חזית „ich sah", סכיח dasselbe, קריח „ich rief", עהיח und öfter אהיח „ich kam", בית „ich bat" (كـبـه), ארסיח „ich lieh", אסגיח „ich ging". Es gleicht also die erste Person ganz der zweiten.

Vor ב und ל mit Suffixen kann die erste Person wieder die alte volle Form יהי erhalten[1] חריהיבא „ich trieb ihn", איהיהילאכון „ich brachte euch", السمكخر „veni tibi" (Norb. III, 4). So bildet ein Abschreiber נסיהילא „ich schrieb ihm ab" (von נסה).

---

1) Auch in den Targumen kommt die volle Form von לה nicht selten vor z. B. קניהי Gen. 4, 1 (Onk. Jon.), צליהי, צביהי Cantic. 5, 6. אסגיהי Gen. 16, 31.

Plur. Die 3. Pers. m. geht immer und in allen Stämmen auf ון aus [1]). מאטון „sie sahen", פטין „kamen", בון „baten" (حٌٓه), אחון „kamen", חוון „sie sahen", פטין „kamen" (Pa'el), לא סנון „gingen nicht" (für לא אסנון Af'el). עתימלון „wurden voll", עתיקרון „wurden genannt", עשתכון „wurden gefangen", עתנאיון „stolzierten" (נאי), עשתארון „waren in Ordnung", עתאחזון „wurden gesehen".

Vor ב und ל ohne נ: קרולון „vocaverunt eos", רבובא „wuchsen darin", עשתאיובא „redeten darin".

Die 3. Pers. fem. wird meistens durch die Maskulinform ersetzt, doch finden sich die Formen עתימלא „sie wurden gefüllt", אתיקריא „wurden gerufen", עזאכיא „wurden gereinigt"; die mit den Syrischen Formen übereinstimmen.

2. Pers. חזאיתון „ihr saht", אתאיתון „ihr kamt", עראכיתון „ihr reinigtet euch".

Als besondere Femininform kommt vor ענאכראיתין „ihr seid erschüttert" (für עתל).

1. Pers. קראינין „wir riefen", שאנינין „wir änderten" und mit der kürzern Endung אורין „wir priesen".

Imperfectum. Sing. 3. Pers. m. ניקריא „er liest", ניביא „bittet" (يَصْجا), נישתחרין „wird geschlagen", כישאוריא (نٌمْا) „legt", ניחימחא „wird geschlagen", ניתיא „kommt", ניתסאצוא „wird befreit", נישתאייא „spricht aus" (يَمَهْجا), „wird gelöst".

3. f. תישריא „sie wohnt".

2. Pers. תירמיא „du wirfst", תירניא „du bekümmerst dich", תיחיא „du kommst".

1. Pers. עקריא „ich rufe", אחויא „ich sehe", ועריולאך „und ich weide dir" (وَانجا حْنى), שאסניא „ich gehe" §. 30.

[1]) Die vom Qal auch in andern Aramäischen Dialekten beim Perfekt und sogar beim Imperativ (im spätern Chaldäischen vergl. z. B. Deut. 32, 46; 35, 5 Jon. und im Syrischen siehe Hoffmann 224; vorkommenden Formen mit ון haben nur im Mandäischen die Alleinherrschaft erhalten und sich auch auf die andern Verbalstämme ausgedehnt. Einzeln so auch im spätern Chaldäischen, und auch aus dem Talmudischen sind die Formen auf וי ganz verschwunden, während hier freilich kein ן im Auslaut erscheinen kann, da der Dialekt ja fast alle flexivischen schliessenden ן abwirft.

Plur. 3. Pers. m. ניברן „sie bitten" (بصدم, ניחון), ניחרן „kommen", נידאלרן „erheben", נאסנרן „gehn", ניחטובא „thuen ihm Böses", ניחדובא *freuen sich darüber"*.

Für das Femininum findet sich die einzelne Form נאסגיא „sie gehn", welche wohl *nasg'yā* auszusprechen sein wird.

2. Pers. חיחורן „ihr seht", חיבון „bittet", חישאבון „ändert", תאסגון „geht", חיתיקרון „werdet genannt".

1. Pers. ניביא „wir bitten" (بصحا).

Imperativ. Sing. m. חזא „sieh", קריא „lies", בע „bitte" (*be* oder *bi* = ܒܥܝ); aber אחא „komm"¹). Im Pa'el und Af'el mit *i* (*e*) wie im Chaldäischen, nicht mit *a*, wie im Syrischen: שאריא „stelle", ואביא „reinige", אסגיא „geh". Beispiele von Reflexiven fehlen leider.

Fem. wie im Syrischen in den beiden Formen: איחאי „bringe" (mehrmals) und עחיגלאי „offenbare dich" (ܐܬܓܠܝ).

Plur. חדון *freut euch"*, אחון „kommt", בון „bittet", צאלרן „betet". Selten ohne ן wie רמו „werft".

Participien. Qal דאמיא „gleichend", קאריא „rufend". Pass. כסחא „bedeckt", מציא „könnend". Pa'el מדאליא „erhebend". Pass. מכאסאי „bedeckt", משאראי „aufgelöst". Af'el מאסניא „gehend". Etpe'el מיחקריא „genannt", מירמיא „geworfen" (für מיתרמיא §. 28).

Mit Personalpronomen:

Sing. 1. Pers. באכינא „ich weine", באיינא „ich bitte" (ܒܥܐ ܐܢܐ), רמינא „ich bin geworfen", מצינא „ich kann", מאסגינא „ich gehe", מאומינא „ich beschwöre", מישתארינא „ich bin gelös't.

2. Pers. קאריח „du rufst", באייח „du suchst", מיחקאשית „du leidest". Ohne Zusammenziehung der beiden *i* (*e*): מצייח „du kannst" (*m'siyit*), wofür einmal מצייח geschrieben wird, und מיחקיריח „du bist genannt". Vor ל bleibt auch hier das *a*, also סאניאחלא „du hassest ihn", ראמיאחלון „du wirfst sie", מאכיאחלאן „du giebst uns Sieg."

---

1) Also mit *a* wie in den andern Dialekten: אתא Chaldäisch, ܐܬܐ Syrisch und Neusyrisch (Stoddard a. a. O. S. 74).

Plur. 1. Pers. באמנין „wir suchen".

2. Pers. באייחון „ihr sucht", ראמיחון „ihr werft", מציחון „ihr könnt", שריחון „ihr wohnt".

Das Verbum הוא „sein" erleidet einige Zusammenziehungen. Ich stelle 43 hier sämmtliche Formen dieses Verbums auf, die ich gefunden habe.

Perf. הוא „er war", הראת oder אהראת „sie war" [1]), הוית „du warst", אהרית oder הרית „ich war", הרן „sie waren" vor ב und ל bloss (הוליא) הו „waren mir", הולאך „waren dir", הרבא „waren darin").

Imperf. ניהויא „er ist", חיהויא „sie ist" und „du bist", עהויא „ich bin", ניהון „wir sind" [2], חדהין „ihr seid", נהייא „wir sind".

Von den bei Norberg häufigen verkürzten Formen des Singulars und der ersten Person Plur. finde ich nur ein Beispiel כיהע „er ist" (Syrisch ܢܛܝ = ܢܗܘܝ, Chaldäisch, Samaritanisch יהי).

Impt. הויא „sei", הן „seid", הוליא „seid mir", הולא „seid ihm".

Part. האירית „du bist", האויאחלא „du bist ihm".

Von den s. g. Verben עע sind die allein vom starken Verbum abwei- 44 chenden Stämme Qal und Af'el (nebst ihren Reflexiven) ziemlich schwach vertreten. Die Formen sind aber den entsprechenden Syrischen gleich.

Perf. סמס „er zerstörte", אלאח „sie ging ein" (ܥܠܬ), באכח „du ebne-test", סמסח „du zerstörtest", אלח „ich trat ein", סאמית „ich zerstörte", אשארנין „wir machten fest", אשאר „sie machten fest".

Imperf. ניול (für ניויל) (ܢܝܥܠ) „er tritt ein", נאשאר „er macht fest", חיחרף „du reibst", חייול „du trittst ein", ניעיל (sic) „wir gehen ein". (§. 5)

Imperat. עול „tritt ein", אשאר „macht fest" (Plur.).

Part. אחל „eintretend" (ܥܐܠ), איילין „zu ihnen eintretend" (ܥܐܠ ܠܗܘܢ), מאשאר „fest machend", מאיל „einführend" (ܡܥܠ), סאיסית „du zerstörst", סאיסאחלין „du zerstörst sie".

---

[1] Das א in dem zweimal vorkommenden אחראה לא החאחלאה „ihm war keine Gesellschaft", weiss ich nicht genugend zu erklären.

[2] Auch im Syrischen ܢܗܘܘܢ neben ܢܗܘܘܢ. Hoffmann p. 176.

Die Formen מאמלילית „du redest", מאמלילתין „ihr (fem.) redet", welche wie aufgelöste Af'el-Formen aussehen, scheinen mir nur durch Vokalverschiebung aus ממאלילית, ממאלילתין entstanden, um so mehr, da sonst nur das Pa'el (מאליל) im Gebrauch ist.

Verbum mit Objektsuffixen.

45 Die Suffixe des Singulars treten unmittelbar an das Verbum, die des Plurals setzen davor die Silbe ני, welche im Chaldäischen auch bei den Singularsuffixen üblich, im Syrischen nur beim Suffix der 3. Pers. Plur. (اِنّ) gebräuchlich ist. Die Pluralsuffixe verbinden sich weniger eng mit dem Verbum und haben weniger Einfluss auf die Vokalveränderungen in demselben, als die das Verbum vielfach umgestaltenden kurzen Suffixe.

Der kurze Vokal der Endsylbe des Verbums fällt gewöhnlich aus, nur im Af'el ist er etwas zäher. Die dritte Person Sing. Perf. m. im Qal erhält vor Singularsuffixen die Form לנט (nicht לאנט) für לנאט Plur. לינטו. Imperat. לנט oder לינט Plur. לינטו oder לינטר. Die 2. und 1. Person, sowie das Femininum der 3. Pers. Sing. Perf. lauten gleichmässig לנאטת, analog in den andern Verbalstämmen. Nur bei den Verben tert. ה tritt hier ein Unterschied ein, indem nach §. 16 das ה vor dem ה des Femininums bewahrt wird (פתאחתה „sie öffnete ihn"), während es sonst wegfällt (סאבאתנא „ich pries ihn"). Die erste Person Pluralis im Perfekt lautet vor Suffixen bloss auf ן (nicht auf נאן oder נין) aus. Die Endung der 2. Pers. Plur. Perf. תון scheint, wenn man aus éinem Beispiel schliessen darf, vor Suffixen ihr ן zu verlieren. Die 3. Pers. Plur. im Perf. und Imperat. lautet vor Suffixen stets auf ו aus.

Die Verba ני verlieren im Imperfekt und Imperativ, besonders im Af'el, gewöhnlich ihren Wurzelvokal. Die Verba לה machen den Auslaut ה vor Singularsuffixen stets zum Konsonanten י. Ebenso wird der Auslaut der 3. Pers. sing. Qal vor den Suffixen der dritten und zum Theil der ersten Person Singularis behandelt, so dass aus הוא wird חתי. Als Pluralendung der 3. Pers. Perfekt und Imperat. erscheint vor Singularsuffixen meistens וי selbst im Qal[1]).

---

[1]) Diese Formen gehen beim Qal von den im suffixlosen Verbum ganz verschwundenen Intransitivformen auf י Plur. יו aus, welche sich hier nun auch über die

Der ursprüngliche Diphthong wird bei dem Rücktritt in offne Silbe in der Endung der 2. Pers. Sing. und 1. Pers. Plur. Perf. gewöhnlich, jedoch nicht immer, wieder hergestellt; und auch die erste Person Sing. erhält zuweilen einen Diphthong, der ihr eigentlich gebührt.

Die Gutturale werden im Auslaut ganz nach den allgemeinen Regeln behandelt. Nur die Verba tert. ה, welche zugleich עו sind, erhalten ihr ה z. B. עיאנחא „ich beruhige ihn" (أَيْمِيْت), אואחינון (sic) „er vertrieb sie", סארחינון „sie riechen lassend" (Part.).

Für die Femininformen treten vor Suffixen durchgängig die des Maskulinums ein, ausser in der 3. Pers. Sing. des Perfekts und Imperfekts.

3. Pers. Sing.

Das eigentliche Suffix des Maskulins ist nach Vokalen יי (*ye?*), nach Konsonanten אי (*e*), wofür aber häufiger bloss א geschrieben wird, so dass dann das Maskulinsuffix äusserlich nicht vom Femininsuffix zu unterscheiden ist; denn dieses lautet nach Vokalen יא (*ya*), nach Konsonanten א (*a*). Da auch die Verbindung beider Suffixe mit dem Verbum genau denselben Gesetzen folgt, so haben wir uns erlaubt, die Beispiele unter einander zu stellen. Von dem ursprünglichen ה dieser Suffixe ist keine Spur mehr vorhanden, ebensowenig von den mancherlei Veränderungen, welche sie im Syrischen in der Verbindung mit verschiedenen Verbalformen erleiden.

I. Antritt der Suffixe an das Verbum ohne Endung. *a*) Perf. ניטלא „er tödtete ihn", שיקלא „nahm sie", לינטא „nahm sie", עבכא „verkehrte ihn", סיחחא „öffnete ihn" (§. 17), סאלגא „theilte ihn" (Pa'el), חאנאנא „war gütig gegen ihn" (Pa'el §. 9), אלבשיא „bekleidete ihn", אילא „führte ihn ein" (Af'el §. 15 Anm.). Von לי: קיריא „rief ihn", רומיא „warf sie", חזיא „sah ihn"[1]), באסיא „bedeckte ihn" (Pa'el), אמטיא „brachte ihn her", אחייא und אחיא „brachte ihn". *b*) Imperf. ניניטרא „er bewahrt ihn", נאלבשיא „bekleidet ihn", חחישבא „du rechnest es", חאברא „lässt ihn thun" (ﳜﺼﺒﻪ), כחישבא „ich rechne ihn", עברא „ich überschreite ihn" (ﳜﺼﺒﺮﻳﻪ), ניסאבריא „wir schliessen

---

Transitiva verbreiten. In den andern Stämmen ist die Herstellung des יי für ה vor Suffixen ganz in der Ordnung.

1) Vergl. Talmudisch חדיה „er sah ihn", שריה „er erlaubte ihn" (ab. zára 49b).

ihn ab". Von עד: נלישא „er verflucht ihn", תילשא „sie verflucht ihn", עכינא
„ich richte sie auf"¹) — נאקמא „er stellt sie", תאקמא „du stellst ihn",
עיאנחא „ich beruhige ihn". Von לֹי: ניכיסיא „er bedeckt es" (nekesye),
נחזייא (nebezye) „er sieht ihn", ניכאסייא „er bedeckt ihn" (Pa'el), ערטייא
„ich werfe ihn" (Var. ערימיא), נינישא „wir vergessen ihn", נשיבריא „wir
fangen ihn". c) Imperativ כורסא „streich ihn aus", צובא „taufe ihn" (مصبخه),
ציבא „taufe sie", לרטא „verfluche ihn", אקטא „richte sie auf", הרויא „sieh ihn".

II. Antritt der Suffixe an die Endungen ת, ן, חון.

שארגיחתא „sie erzürnte ihn", לאטחא „sie verfluchte ihn", סתאחחא „sie
öffnete ihn". — לגאטחא „ich nahm ihn", גחאסתא „ich drückte ihn", שאבאחא
„ich pries ihn" (مَصْبَحه), אשכאחא „ich fand ihn", חואיחא „ich sah ihn",
שאריחא und שאריאיחא (ohne Unterschied unmittelbar neben einander) „ich
setzte ihn". — אכסיגחא „du liessest ihn hungern", סאריקחא „du rettetest sie",
נשיחא „du vergassest ihn". — לגאטנא „wir nehmen ihn", חזאיניא „wir sahen
ihn". — שאניחויא „ihr habt ihn verändert".

III. Antritt der Suffixe an die Endungen ו und ן.

a) Perf. שימויא „sie hörten ihn" (مُعدحمى), יאהבויא²) „gaben sie",
לאטויא „theilten ihn" (Pa'el), שאבויא „priesen ihn" (مصبحه), סאלגויא
„verfluchten ihn", קיריויא „riefen ihn", רומיויא „warfen ihn", תילויא „hängten
sie"³), כאסויא „bedeckten ihn", אחיויא „brachten ihn" (öfter).

Für das Femininum fällt hier in den Formen שאררו „miserunt eam" (مرمه,
שארריא nahe dabei in derselben Bedeutung) und כיחבו oder כירבו
„scripserunt eam" (an mehreren Stellen und so hat auch Norberg III, 198
in einer fast wörtlich gleichen Verbindung حبم) das Suffix selbst ganz ab;
das auslautende ו genügt aber zur Unterscheidung der Form von der suffixlosen.

b) Im Imperat. עסתריא וחוטמויא „bindet sie und versiegelt sie", סומחא
„legt ihn", אלבשויא „bekleidet ihn", אחליטריא „bringt ihn vorüber", רימחא
und רומיויא „werft ihn", כאסויא „bedeckt ihn", אטטויא „bringt ihn".

---

1) Von כון oder כֵּן.
2) Das a der ersten Silbe steht hier, wie oben §. 30.
3) Vergl. Talmudisches חזיוהי „sie sahen ihn" ab. zâra 18b.

c) *Imperf.* ניחלונא "fragen ihn", נשאילוניא "sie fesseln ihn", ניכאחרונא
חיכאירוכא "suchen ihn", ניבנא "richten ihn auf", מכאימונא "geben ihn",
האמקונא "ihr tadelt ihn", אנא "ihr bringt ihn heraus".

Plur. ¹) Das Pluralsuffix bleibt nicht, wie im Syrischen, getrennt stehn, sondern verbindet sich, wie im Chaldäischen, als ינון, תין eng mit dem Verbum, lässt jedoch die Form desselben, bis auf den Wegfall der meisten kurzen Vokale in der letzten Silbe ²), ganz unverändert. Nach י und ־ tritt, wie im Chaldäischen, bloss נין, נון ³) an; bei ון ziehen sich beide נ zu einem zusammen. Das Maskulinsuffix steht sehr oft für das des Femininums; die Behandlung beider Suffixe ist ganz gleich; wir stellen daher auch hier die Beispiele für beide Geschlechter durch einander.

I. Antritt an konsonantischen Auslaut.

אותיבינון "er schlachtete sie", כאשינון "er sammelte sie", כבאסינון "er setzte sie", אשכינון "er fand sie" (אַשְׁכְּחִנּוּן), אנדינך "er bewegte sie", (von נדר oder כד), אואחינך "er vertrieb sie". — נאסקינון "wir lassen sie steigen". — לגיטינון סארקינך "befreien sie", סאקרינך "befiehl ihnen", ואהריכין "warne sie", אותיבינון "setze sie", אחראריגון "führe sie zurück", אסקינך "lass sie steigen", שאווינון "befreie sie". — אקימתינון "sie richtete sie auf", תאבדתינון "sie zerbrach sie", אחריבתינון "sie zerstörte sie". — כתאבתינון "ich schrieb sie", באטילתינון "ich vereitelte sie", שאביחינון "ich pries sie" ⁴), אחוחינך "ich sah sie". — תראצחינון "du hast sie aufgerichtet".

---

1) Für die folgenden Personen ist es weder nöthig, noch möglich, so viele Beispiele zu sammeln, wie für die dritte Sing.

2) Im Af'el bleibt der Vokal der zweiten Silbe auch hier meistens.

3) Auch im Syrischen kann im Verse die erste Silbe von انم] wegfallen z. B. انم t'lā nun (2 silbig) ikannē nun (4 silbig) bei Afrem. — Talmudisch נהי כהי mit Erhaltung des ursprünglichen ה nach dem Vorsatz אן (vergl. §. 25).

4) Vor ינון fällt das i der ersten Person (שאביח = مُصبِح) nicht weg, wie vor א (שאבהנא "ich pries ihn" = مُصَبِّحٌ).

II. Antritt an vokalischen Auslaut und ן.

מאיחינן "sie bringend" [1]), אשקינין "tränke sie", קרינן "lies sie", סרמונן [2]) "riefen sie", קרונן "sie warfen sie", רמונן "sie nahmen sie", שקאלינן חזונן "sahen sie", נאטרונין "versiegelt sie", נאטרונין "bewahrt sie", חתימינן "setzt sie". — כיניטרונין "sie bewahren sie", מאחליטרנין "ihr bringt sie vorbei". Hierher ist denn auch noch צבינין "baptiza eas" zu ziehen, wobei צבי (= ܨܒܳܐ, صَبَا) als ein einfach mit einem Vokal schliessendes Wort angesehen wird, ohne Rücksicht auf den abgefallenen Guttural.

2. *Person. Sing.* Das Suffix ist, wie im Syrischen, nach Konsonanten אך, nach Vokalen ך. Beispiele einer abweichenden weiblichen Bildung liegen nicht vor.

לינטאך "er nahm dich", שיחלאך "sandte dich" (§. 17), חזויאך "er sah dich", ניבירכאך "wir segnen dich", נאקראך "wir ehren dich", נישאבאך "er preist dich" (نَصْبَك), עסארקאך "ich befreie dich", עיאריטיאך "ich belehre dich", يَهنَك "te honoravimus" (Norb. III, 264), اَذْكَرْنَك "te commemoravimus" (Norb. I, 290). — שאררוך "sie sandten dich", איתבוך "sie setzten dich", לא נאריך ענשיא "non adulterate sunt tecum mulieres", קרך "sie riefen dich", (öfter), שאויך "sie setzten dich", נישאבתאך "sie preisen dich".

Plur. Die eigentliche Endung ist ינכון (Chaldäisch נכון-), wofür aber meistens ohne Unterschied der Bedeutung nach §. 9 יאכון eintritt; nach Vokalen bloss נכון, נאכון. Die möglichen Fälle sind längst nicht alle zu belegen, da für diese langen Pluralsuffixe noch häufiger, als für die des Singulars, die Umschreibung mit ל (לכון, לון) eintritt.

ניחשאבינאכין "er rechnet euch", עיאפקינאכון "ich führe euch heraus", נישאילתאכון "er fragt euch", עליטינאכון "ich lehre euch" (Af'el von לוף). — גראבתינכון "ich plünderte euch", אוריחינכון "ich machte euch bekannt" אכילתיתאכון "ich speiste euch", (اَهْبَع + نكون), אסניחינאכן "ich machte euch viel", שאבשתיתאכון "ich verwirrte euch" [3]). — עבניאכון "ich baue euch".

---

[1]) Participien mit Objekt- wie mit Possessivsuffixen sind sehr selten.
[2]) Norberg hat an der entsprechenden Stelle ܗܡܨܡܨܢ (II, 90).
[3]) Norberg hat dafür an der entsprechenden Stelle II, 104, das Suffix ܢܟܘܢ, wie er überhaupt gewöhnlich das א hier weglässt.

Das Maskulinum vertritt gewöhnlich auch das Femininum, doch finden sich an einer Stelle unter lauter Maskulinformen: חאברינכין "sie fährt euch über", (חאברנכין), ניקאימתאכין "sie richten euch auf".

1. *Person. Sing.* Das Suffix ist nach Konsonanten אן, nach Vokalen נ.[50] Jede Spur des schliessenden *i* ist verschwunden.

I. Antritt an das Verbum ohne Endung.

a) Perf. לינטאן "er sehen mich", עסראן "band mich", אשסלאן "stürzte mich", אירחבאן "setzte mich", אשמאן "liess mich hören" (امَعخْنب), קאימאן "richtete mich auf". — Von סיני לי סינאן "hasste mich", مخمَّنْ (d. i. מיטיאן. Norb. III, 282) "erreichte mich", aber daneben קראן "rief mich", أصر "warf mich" (Norb. III, 260 etc.); ראביאן "erzog mich", חאריאן "zeigte mir", שאיריאן "setzte mich", אחיאן "brachte mich". *b*) Imperf. תיכלאן "sie frisst mich", נאסרישאן "er belehrt mich", נאראן (نَصِبَّذْ) dasselbe. *c*) Imperat. תרקלאן "wäge mich", חושבאן "rechne mich", ציבאן "laufe mich" (وَهِصنب), אסקאן "lass mich steigen", אבראן "fuhre mich über" (اخْصبب)[1]. Von לי ענאן "antworte mir", אסיאן "heile mich" (Pa'el).

II. Antritt an die Endung ח:

לאכאלחאן "sie ass mich nicht", סנאחאן "sie hasste mich", סטאקחאן "du entferntest mich", קראיחאן "du riefst mich", ראיחקחאן "du entferntest mich".

III. Antritt an die Endungen י und ין: ניצבין "sie erhöhten mich", שיחלון "sandten mich" (§ 17), אסרון "banden mich", קאימון "stellten mich auf", ואורון "versahen mich mit Reisekost", אירחבון "setzten mich". — סינוין "hassten mich", מיחחון "schlugen mich", חיוין "sahen mich"; aber daneben קרון "sie nannten mich"; כאסירון "bedeckten mich" (Pa'el).

Plur. Das Suffix ist ganz nach Analogie der 2. und 3. Pers. ינאן, nach Konsonanten נאן [2]). Der Einfluss desselben auf die Vokalisation des

---

1) In זיבנין und זיבנין 'neben einander) "kaufe mich" und צובין neben צובאן "laufe mich", ist ין statt אן, welches neben dem Syrischen ـحـن nicht befremden kann.

2) Chaldäisch נַזָּ־ז. B. יוֹבְלֵנִי Num. 11, 4. Auch im Samaritanischen kommt נן als Objektsuffix vor.

Verbums ist nicht grösser, als der der andern Pluralsuffixe. Bei der Endung
ין stehen sich die beiden ן zu einem zusammen.

I. Antritt an konsonantischen Auslaut: רשאמיתאן „er zeichnete uns",
גאלביתינאן „er bekleidet uns", דישאיתסתאן „du machst uns zu Genossen",
חירינגאן „du richtest uns", סארקינאן „befreie uns", קאימטינאן „errichte uns",
סאכדיתתאן „du befahlst uns", מליחינאן „du erfülltest uns", האויתגאן „du zeig-
test uns", אסיקתינאן „du führtest uns heraus", לאסתינאן „du belehrtest uns",
אקימתתאן „du errichtetest uns".

II. Antritt an Vokale und an ןר:
חישדיתאן „du wirfst uns", נכאסתאן „er bedeckt uns", חזינאן „sieh uns"[1]. —
ראדסרנאן „sie verfolgten uns", האסידיוטאן „sie schmähten uns", רתונאן „sie
stiessen uns", נישאילונאן „sie fragen uns", טאהיקונאן „sie ängstigen uns",
ניחוונאן „sie sehen uns".

Nomen.

52 So wünschenswerth eine Uebersicht der im Mandäischen vorkommenden
Nominalstämme wäre, so ist eine solche doch schon wegen des Mangels brauch-
barer lexikalischer Vorarbeiten unmöglich, zumal bei dem beschränkten Umfang der Quellen, welche uns zu Gebote stehen.
53 Wir gehen daher sogleich zur Flexion über.

Die Formen des übrigens nicht zahlreich vertretenen Status absolutus haben nichts Auffallendes; die Wörter auf m verlieren, wie im Syrischen, ihr
ה z. B. צבו „Sache". Die gewöhnliche Femininendung ist א; im Plural hat
das Maskulinum ין, das Femininum אן, für welches aber beim Adjektiv oft
bloss א eintritt, z. B. מאיתא ϑήσκουσαι, סאלקא „steigende" (Frauen). Das
ן fällt ferner bei אן und ין regelmässig ab, wenn ein ב oder ל mit Suffix
sich eng anhängt.

Der Status constructus gleicht im Singular Mask. dem Status absolutus:
רנאב אלמיא „Ende (Schwanz) der Welten", ראו ראויא „Geheimniss der Geheimnisse", בראדרא דור בישיא „in der Wohnung, der Wohnung der Bösen"[2].

1) Hierher ist auch צביגאן „taufe uns" zu ziehen, wie oben צבתין.
2) Die Vereinfachung des Diphthongs in geschlossener Silbe, wie im Syrischen;
vergl. oben §. 6.

Die Femininendung אָ tritt in der ursprünglichen Form את auf z. B. חאראחת ליבא „Freude des Herzens", גיגאת עדאניא „der Garten Eden"; auch die auf רח behalten ihr ח z. B. ראחמות קושטא „Liebe zur Wahrheit". Nur das wie eine Präposition gebrauchte בארמי, ברמי „instar" ist immer ohne ח z. B. בארמי עכארא „gleich dem Landmann" (בְּדְמוּת אָבְרָא).

Im Plural der Maskulina wird der Diphthong *ai* wie im Hebräischen und Chaldäischen zu יא zusammengezogen z. B. חוריא חשך „Thüren des Dunkels" (תַּרְעֵי, ܬܰܪ̈ܥܶܐ), בניא שורבא „Söhne des Geschlechts" und so oft בניא oder אבניא, בחיריא וזדקא „Erwählte der Gerechtigkeit" (Sing. בחיר וזדקא), Femininform ist את: בנאת „Töchter".

Endung des Status emphaticus im Singular Mask. ist א, fem. תא. Aber eine Reihe von Adjektiven, welche vor ח einen Konsonanten haben, bilden dafür חיא nämlich שינתא כאדירתחיא „magna" (oft), חדיתחיא „nova", האחוכתחיא „langer Schlaf", האחוכתחיא „antiqua" (ܚ̈ܕܬܳܐ), חורינתיא¹ „alia" (ܐܚܖ̈ܢܐ). Hierzu kommt noch das Substantiv חאוורחיא „Schwein". Diese Formen, denen gewöhnlich gebildete wie קאימתחא „erecta", אקארתחא „unfruchtbare" (Frau) חארתחא „ingenua", קארמאיתחא „prima", ראמתחא „alta" (als Substantiv: die Höhe), gegenüberstehen, dürfen durchaus nicht, wie Lorsbach²) will, für Pluralformen gelten.

Im Plural ist die Endung Mask. יא, Femin. אתא.

Die inneren Veränderungen, welche die Nomina beim Antritt der Endungen א, תא, יא, ין, אן, אתא erleiden, d. h. besonders der Wegfall der kurzen Vokale vor dem letzten Radikal in offner Silbe, folgen ganz den Syrischen Gesetzen, (z. B. von אמאר ‏ל, „sagend" אמרא, אמרין, אמראן, אמרין, von קאים „stehend" קאימא, von שאיל „fragend" שאילן u. s. w.) und wir können daher weiterer Beispiele entrathen. Dass sich die kurzen Vokale aber in manchen Fällen, namentlich den Participien des Af'el, auch in offner Silbe

---

1) Mask. חורינא (cfr. אֲחֵרָן, חוֹרָן und ܐܚܖ̈ܢܐ), Plur. חורינין, ܐܚܖ̈ܢܝܬܐ, bei Norberg öfter als Femininum vorkommend, ist gewiss mit dem Suffix הין gebildet, also eigentlich „alia earum".

2) Museum S. 44.

erhalten, ist aus den oben §. 9 angeführten Beispielen klar z. B. מהאימניא „die Gläubigen" (neben מהאמנניא) ,מאמחילון, „baptizantes eos" (مُحْمَدِى حَمِّى).
Dagegen verlieren auch die Participien des Af'el von עד in offner Silbe ihren langen Vokal; wenigstens findet sich zweimal מאקמילין „erigentes eas" (مُحَمْمَطِى حِمِّى).

Die Participien vom Etpe'el erhalten im Einklang mit der sonstigen Vokalisierung des Stammes beim Antritt der Endungen nach dem ersten Radikal nicht *a*, sondern *i* z. B. מיחמילכיא „berathende", מיחניטליא „getödtete". (מיחנאטלא an einer andern Stelle ist Etpa'al).

Von סלאן „aliquis" ist das Femininum סלאניחא[1]); ebenso ist als Maskulinum von מאנהאראניחא anzusetzen מאנהאראכנא.

Die Wörter יאם „Meer", אם „Volk" trennen im Plural die Doppelkonsonanz am Ende durch das ursprünglich in allen Semitischen Sprachen der Pluralendung vorhergehende *a*, also אמאמיא (עַמְמִין עָמְמִין ,خَمَمِيَا), יאמאמיא (نَمَمِيَا). Vergl. §. 9.

Die Bildungen der Wurzeln לל lassen vor den Endungen א, אן, אחא ihren Auslaut zum Konsonanten י werden, also קאריא „der Leser", (عَبَل), רבא[2]) כאסיא „der verborgene Herr", כאסיאחא „absconditae", צאבחא *βυς-λομένη* (نَصًا), האריאן „τλῦσαι", באכיאן „δακρύουσαι", סאסיניאן „gehende (Frauen)".

Im Plural werden או und ין mit dem Auslaut verschmolzen, also קאריא „legentes", שאניא „splendidi", האריִן גאבין צבין, „volentes", מיחראבין „crescentes", סיחרקכין „vocali"[3]).

Allein die Bildungen mit ursprünglich langem *i* bewahren dies oft. So finden wir neben רמין „projecti" und שרין „habitantes" noch מציין „könnende" und ebenso מציא[4]); auch קריא „vocali", אניא „miseri", סאניא „multi",

---

1) Also wie im Syrischen مَحِيَدًا, حَجَّ.
2) Intensivbildung בָּף. Fem. כאביחא.
3) Dafür steht zweimal das nicht wesentlich verschiedene מיחקירין und einmal selbst מיחקיריין. Norberg hat an den entsprechenden Stellen immer مُحَمِى.
4) Vergl. oben מציית „du kannst" (§. 42).

ראזיא כאסיא "verborgene Geheimnisse" sind so aufzufassen und ihr Auslaut ist *iyê* zu lesen (§. 5).

Eine analoge Singularbildung ist שרעיא "wohnende" (Frau) an zwei Stellen in je zwei Handschriften.

Einige zu Substantiven gewordene aktive Participien bilden ihren Plural, wie im Syrischen, mit der Endung אן (אנא), indem sie ihr י in ein ר mit vorlautendem *a* verwandeln (wie آكَل, أَكْلَ): אנאת אסיא וי אלאוי אסאראתא ומראלרא וי עלאיא סדאלאראתא "du bist ein Arzt über allen Aerzten und ein Erheber über allen Erhebern".

Die Wörter auf רה haben natürlich im Plural ואן (ואתא), aber die Ge- 56 setze, nach welchen im Syrischen vor dem ר ein *a* stehen oder fehlen muss, werden im Mandäischen nicht inne gehalten. Ohne *a*: נאבאראתא "Wunder" (δυνάμεις), סיטוראתא "Thorheiten"; mit *a*: מאלסאראתא "Königreiche", טאבאראתא "Güter", ואכאאתא "Reinheiten", דמאראא "Bilder".

Von לילית "Nachtdämon" kommt regelrecht לילאתא, ebenso מארנגאניאתא von מָרְגָנִיתָא.

Uebersicht einiger abweichenden Substantivformen: 57

אב "Vater", Plur. אבאראתא.

אחיאתא "seine Schwester" (mit Suffix א), Plur. אחראתא [1]).

אנאשא "Mann" (Talmudisch אתיש d. i. אֱנָשׁ), Stat. emph. אנאשא oder vielmehr בר אנאשא, Plur. אנאשיא oder בניא אנאשא.

אנתא "Frau" (אִנְתְּתָא), Plur. (נָשֵׁי) נֵם (נָשֵׁיָא) oder בנאת אנאשא. Aber eine ganz eigenthümliche Form ist אתואא "Weib", welches als *Singularis* und zwar als *Stat. absol.* erscheint z. B. כוי אתואת וי יאלדא לא מראביא "wie ein Weib, welches sein Kind aufzieht" [2]).

ארקא "Erde", Plur. ארקאהאתא.

באתיא "Haus", Stat. constr. בית, Plur. באתיא. ביותא oder באיתא [3])

ברא "Sohn", Stat. constr. בר, Plur. im Stat. constr. und emph. בניא, אבניא oder עבניא.

---

1) Von אח kommt der Plural אחיא, mit Suffix אחאי "meine Brüder" vor.
2) Vergleiche bei Norberg II, 94, 88 und III, 142, wo er es falsch durch "signum" übersetzt.
3) Auch mit Suffix בֵינְחָאךָ "dein Haus".

ברתא ברחא „Tochter" (Chald. בְּרָתָּא¹), Stat. constr. בת, מאח, Plur. Stat. constr. בנאת.

ערא „Hand", Stat. constr. יאד, Plur. עדיא und ערארארחא.

מאי „Wasser", Stat. constr. und emph. מיא.

מינלחא „Wort", Stat. constr. מינלאת, Plur. מינליא ($. 19).

מארא „Herr", Stat. constr. מאריא, Plur. מאריואן (so einmal), מאראראחא.

ריש „Kopf", Plur. רישאראתא und רישיראחא dicht bei einander.

שיחא „Jahr", Stat. constr. עשנאת, Plur. שניא.

שומא „Name", Stat. constr. שום, Plur. שומדאתא ²).

Von ܣܶܦܬܳܐ „Lippe" kommt die Pluralform ספסיא und סבאהארתף (sic) „unsere Lippen" vor.

Ein Beispiel einer Genitiv-Verbindung, in der das *zweite*, nicht das erste Glied das Pluralzeichen annimmt, haben wir in מאירחיא ריש מאשכניא „es sterben die Schulhäupter" ³).

Nomen mit Possessivsuffixen.

58   Das Eigenthümlichste bei dem Mandäischen Nomen mit Genitivsuffixen ist die Vermischung der Numeri. Es giebt wenige männliche Plurale mit einem Suffix, welche nicht auch als Singulare erscheinen könnten; auch die Feminina im Singular und Plural können die Suffixe in der Form annehmen, welche durch Verschmelzung derselben mit der Endung des Maskulinplurals entsteht ⁴)

Bei der 1. Pers. Sing. war die Annahme einer stärkern Endung (ai) für das ganz wegfallende *i* nicht so unpassend. In der 2. Pers. zieht schon das Chaldäische die Endung ־ַיִךְ oft zu ־ֵךְ zusammen und macht so Plural- und Singularsuffix gleich. Das im Mandäischen durchgeführte Streben, Di-

---

1) Neusyrisch ܒܪܰܬ Stoddard 116 (was wohl besser ܒܪܰܬܳܐ zu schreiben wäre).
2) Es wird wohl שומהאתא zu lesen sein. אַמְהָתָא „Magd" hat den Plural ohne ה: אמהתא.
3) So erwähnt auch Petermann S. 465, dass der Plural von résch amma (ריש אמא) „Haupt des Volks" résch ammi (ריש אמיא) für אממיא (ריש אממיא) ist.
4) Beim Plural kommt dies auch im Chaldäischen vor und ist im Hebräischen bekanntlich herrschend.

phthonge in geschlossenen Silben ganz zu vermeiden, hat eine ähnliche Wirkung bei der 1. Pers. Plur. (wo auch das Chaldäische gewöhnlich ohne Noth Singular und Plural in der Endung נן vermischt). Der Verlust des Unterscheidungszeichens der 3. Pers. am Plur. (ouhi) ist sehr fühlbar. Am seltsamsten ist aber, dass auch da, wo zwei verschiedene Formen vorhanden sind, der Gebrauch des Pluralsuffix oft an den Singular setzt. So kommt es denn, dass bei dem Mangel der Pluralbezeichnung in manchen Formen des Verbums man oft in ganzen Sätzen nicht weiss, ob von Einem oder Mehreren die Rede ist.

Die wenigen Vokalveränderungen, wie der Wegfall des *a* vor dem ח des Femininums bei vokalisch anlautenden Suffixen und die Aussprache der kürzesten Stämme mit dem Vokal nach dem ersten Konsonanten (*sefr* für *s'fer* u. s. w.), sind ganz wie im Syrischen.

3. *Pers. Sing. m.* Das Suffix יה (ـهُ) wird, wie beim Verbum, gewöhnlich bloss ה geschrieben. Es tritt an den Singular und Pluralis und zwar bezeichnet die Schreibung oder Nichtschreibung des י keinen Unterschied des Numerus.

1) Am Singular. עדה "seine Hand" (يَدُهُ), פמה "sein Mund", ואהא "seine Gattin"[1]), כורסיא und כורסייא "sein Thron" (كرسيه), אבוהא "sein Vater", אחוהי "sein Bruder"[2]).

2) Am Plural. ראחמא "alle seine Freunde" (أصدقاؤه), מינילא שניסיא "seine Worte sind stürmisch"[3]), לינרא "seine Füsse", כולהון בנא "alle seine Söhne", אגארא "seine Verehrer".

Fem. ה. (Nach Vokalen würde es wohl יה sein) ואהא "ihr Galle", בנא "ihre Söhne".

Plur. Das Suffix ist eigentlich mask. הון, am Plur. mask. אידהון, fem. אידהין, אידין. Das ה erhält sich nach Konsonanten nur in כולהון; כולהין "sie alle", nach Vokalen kann es willkührlich bleiben oder wegfallen[4]). Nicht

---

1) Das sehr häufige Wort אנתתא "conjux" scheint aus אנותא entstanden zu sein.
2) Diese beiden Formen können natürlich nur Singularis sein.
3) Museum 20 steht falsch שניסא.
4) Ganz ähnlich im Samaritanischen.

selten steht die Pluralform am Singular. Da die Behandlung beider Suffixe dieselbe ist, so stelle ich die Beispiele wieder durch einander.

1) Am Sing. und Plur. fem. אבורהן „ihr Vater"[1]), סיסרין „ihr Buch", מיחקאלין „ihr Gewicht", חארבון „ihre Schuld", ירלסאנון „ihre Lehre", (ܡܘܟܣ), עבילחין „ihre Einsicht" (§. 17), מאייהתין und (ܩܡܒܟܣ) für ܩܡܒܟܣ) מארון „ihre Speise", מאצבירתין „ihre Taufe", נישמאחון „ihre Seelen", קאשחאחון „ihre Bogen", אבאהאחון „ihre Väter". Daneben aber שיסאיהון „ihr Name", כילאיהין ‏„ihr Manss ist voll", רוחאיין „ihr Geist", כאסמאיין „ihr Silber", כישלום חילחאיין „ihr Gold", דמוחאיין „ihre Gestalt", חאילאיין „ihre Kraft", ראהבאיין dasselbe, דוכתאיין „ihr Ort" neben דוכחין.

2) Am Plur. mask. באחאיהרו und כאחאיין „ihre Häuser", חאיאין „ihr Leben", סאנראיירן „ihre Körper", סיניליאירהן „ihre Worte", חאראיין „ihre Brüste", חאטאיין „ihre Sünden".

2. *Pers. Sing.* m. Das Suffix אך, nach Vokalen ך, tritt ohne Unterschied an den Singular, wie Plural.

מארארך „dein Vater", כורסיאך „dein Thron", עמאך „deine Mutter", אבוך עבירהאתאך „dein Herr", עצראך „dein Bewusstsein", סינילחאך „dein Wort", „dein „deine Thaten", אבאראחאך „deine Väter", גברארך „deine Männer sterben", כולרהין ראחמאך „alle deine Freunde", אחאך „deine Brüder".

Als Femininform kommt vor ואהביך „dein Gold", רוגזיך „dein Zorn"; gewöhnlich ersetzt das Maskulinsuffix das des Femininums; so steht z. B. neben אהביך die Form מארגיניתאחאך „deine Perlen".

Plur. Das Suffix ist für das Maskulinum am Singular כון oder אכון[2]). Doch tritt die Pluralform איכון oft an den Singular. Die Femininform אכון, איכון wird meistens durch die Maskulinform vertreten.

ראחאנאכון „eure Rede", מאלאלכון (ܚܟܡܬܟܡ), בוחכך „eure Bitte", „euer Richter", חאיסרחאכון „eure Frömmigkeit", חושביחחאכון „euer Preisen",

---

[1] „Ihr Bruder" ist אחוייך (für אחידהן) mit der Variante אחאו (Pluralsuffix).

[2] Das א ist wahrscheinlich eine vollere Bezeichnung des Vokalansatzes, welcher dem Suffix der 2. Person im Hebräischen und Aramäischen immer vorhergeht und bewirkt, dass das ך stets *rafe* bleibt. Im Neusyrischen ist dafür sogar å (ôchun); vergl. Stoddard 25, 27.

עוחראחאכין „eure Wege", שוטאיכין „euer Name", כנישחאיכין „euer Gottes-
haus", מאראיכין „euer Herr" ¹), האראיכין „eure Frauen", ראחמאיכון „eure
Freunde", אנסאיכין „euer Antlitz", ארסאיכין „eure Betten".

1. Pers. Sing. Das im Syrischen schon unhörbare Suffix musste im
Mandäischen auch aus der Schrift verschwinden. Und so findet sich denn auch
ziemlich häufig אב „mein Vater" (أَبِ) und עם „meine Mutter" (أُمِّ); ferner נישמאח „meine Seele" und noch wenige ähnliche Beispiele. Gewöhnlich
aber wird das Pluralsuffix אי auch an den Singular und Femininplural gehängt:
נאצבאי „ich selbst", קאלאי „meine Stimme", מאראי „mein Herr",
נאסטאי „mein Pflanzer", פומאי „mein Mund", בראי „mein Sohn", כורסיאי „mein Thron",
אבאהאחאי „mein Schiff", סמינחאי „meine Seele", נישימחאי „meine Seele", דוכחאי „mein Ort",
„meine Väter".

Am Plural mask. בורכאי „meine Knie", אחאי „meine Brüder", ראחמאי
„meine Freunde", בנאי „meine Söhne".

Plur. Das Suffix ist אן, nach Vokalen ן; für den Plural wird *ain* theils
zu אאן gedehnt (§. 9), theils zu אן zusammengezogen. Da nun aber איאן
auch am Singular erscheint, so ist wieder jeder Unterschied der Numeri
verwischt.

1) Am Singular und Plural fem. אבון „unser Vater", רישאן „unser
Haupt", ומאראן „unser Gesang", רושמאן „unser Zeichen", לינטמחאן „unser
Fang", שולחאן ובוחאן „unsere Frage und unsere Bitte", מיחילחאן „unser Wort",
סכילאחאן „unsere Thorheiten", אחחאחאן „unsere Schwestern". — כולאיאן „wir
alle", מאראיאן „unser Herr" neben מאראן ²).

2) Am Plur. mask. חאמטאיאן „unsere Sünden", עראיאן „unsere Hände", אחאן
„unsere Brüder" (öfter).

Infinitive.

Der sehr häufige Infinitiv des *Qal* stimmt mit der gewöhnlichen Aramäi-

---

1) Möglich wäre es, dass das *ei* in מראי mit Suffixen von dem ursprünglichen
und im Stat. constr. מראי noch erhaltenen vokalischen Auslaut herrührt; doch
ist dies, wenn man die andern Formen vergleicht, kaum wahrscheinlich.

2) So ist אבואן „unser Vater" gebildet; wofür wir oben schon אבון hatten; die
Variante בויאן ist schwerlich statthaft.

schon Bildung ganz überein. מיבטאל „eitel sein", מיכבאש „summisse agere", מיסלאק „steigen"¹), מינחאר (ohne Assimilierung) „abfallen"²), מיכאל „essen", מידאל „geben", מירא „wissen" (פְּעַל), מיקאד „brennen". Von עד מידאען „richten", (Spät-Chaldäisch und Talmudisch מיידן), מיסאף „untergehn", (מיסף). Von לי mit i (e) wie im Samaritanischen und oft im Chaldäischen: מירסיא „werfen", מיהויא „sein", מיבעי „bitten" (מְבְעֵי), מיחיא „kommen".

Alle andern Stämme bilden ihren Infinitiv durch ein ו vor dem letzten Radikal und die Endung א יה ⁵). So vom Pa'el באררכיא „segnen", מאטרייא „ehren", סאבוחדא „preisen", קאיומיא „aufrichten", דאלוייא „erheben", ניחויא „hingelangen"; in אסויא „heilen" ist nur ein ו geschrieben (§. 5). ניחויא (mit י für א) „besänftigen" muss von נחא = ܢܘܚ kommen. Aehnlich ist noch ראיררבאא „erheben".

Vom Af'el ist die einzige vorkommende Form ארומיא „erheben" (רום)⁴).

Reflexivformen sind: עתאררכיא „und bekleidet werden", ge- mischt werden" ליחינלויחא (חלם), „ausgegossen werden" אשתאסרייא (חטא), „offenbart zu werden" (für לי). Zum Theil setzen sie ein מ vor מיתאתרייא „sehr gross sein", מיחבאגניא „befestigt werden". Die kürzere Form מישתאייא „reden" (ܡܲܠܸܠ), findet sich ebenso im Chaldäischen: לְמִשְׁתָּעֵי Targ. Cant. 5, 10.

Im Status constructus verändern sich die Infinitive nicht, wenn man von dem Beispiel ותלאבורשיא נישמאת חייא בלבוש חייא „und dass die Seele des

---

1) Man würde פיכבס (ܡܟܼܡܼ) erwarten.

2) מארוזו „frohlocken" wird in סירוזו zu verändern sein.

3) Vergleiche im Talmudischen Infinitive wie כיידי „helfen", אקסומי צלויי אהתכולי „anschauen"; ganz genau so ist die Infinitivbildung im Neusyrischen z. B. šârôqu „retten". (Stoddard 52) šálôwe „beten" (167), maštawe „tränken" (169). Hier wechseln nach bestimmten Gesetzen d — ó und a — u. — Wahrscheinlich ist sowohl o als e nur aus a verfärbt, also בארוכיא = בְּרָכָה. Der Syrische Infinitiv unterscheidet sich nur dadurch, dass er statt d die Abstraktsendung út (ú) ansetzt.

4) Wie אנוחי „hinstellen" ab. zâra 34a.

Lebens mit dem Kleide des Lebens bekleidet werde", einen allgemeinen Schluss ziehen darf [1]).

Der Infinitiv nimmt zuweilen Possessivsuffixe (למיכלאיתכן "zu eurem Essen", למישתיאיכון "zu eurem Trinken") und Objektsuffixe an. (למיחתיא "sie zu sehn" (mekezyā), לסייבכאן "mich zu kaufen", למיחזין "um sie zu sehn"). Das Beispiel לשאבחאך לאקיראך לראריבאך לבארוכאך לקאיומאך, "dich zu preisen, zu ehren, zu verherrlichen, zu segnen, zu erheben" zeigt, dass die Endung אי vor Suffixen abfällt [2]).

Zahlwörter.

Die vorkommenden Zahlen sind:

Mask.	Fem.		
1	חאר	חרא	20	סרין
2	אחרין, חרין	חארתין [3])	30	—
3	תלאתא	תלאת	40	ארבין
4	ארבא	ארביא [4])	50	חאמשין
5	חאמשא	— [5])	60	שיתין
6	שיתא	—	70	סובין
7	שובעא	שאבעא	80	תמאנאן [6])
8	תמאניא (tmanyā)	תמאניא (tmanē)	90	תשין
9	תשא	תשא	100	מא
10	—	—		
11	—	—	300	תלאתמא
12	חריסר)חָרֵיסָר(Talm		400	ארביםא [7])

1) So auch im Talmudischen z. B. אתתא אילודי נכריתא "Geburtshülfe leisten bei einer Heidin" ab. zâra 26b; ברי לאתויי "meinen Sohn herunter zu holen" ibid. 27a.
2) Ebenso im Neusyrischen vergl. Stoddard 102 f. wo ܟܘܡܐ zu Grunde liegt.
3) Mit הינין zusammengezogen zu תארתיהין "sie beide".
4) i in der Femininform findet sich auch im Neusyrischen ܐܪܒܥܐ).
5) Die Form würde wahrscheinlich תאמש lauten (wie שמש "Sonne").
6) Die einzige Form, in welcher aus â (ai) und der Pluralendung in, wie öfter im Chaldäischen, ân geworden ist. {Chald. חָמָנָן}.
7) Einmal mit der Variante ארבאיםא.

8*

500	חאמשימא	900		תשימא	
600	לשחימא (Var. לעשחמא) Mit ל:	1000		אליף (Plur. אלסיא)	
700	שאבימא	10000		רבבא	
800	—				

Von Ordinalien sind mir vorgekommen ארביאיא, חליחאיא, תיניאנא, קאדמאיא (für ארביאיא), חמיתאיא.

„Einmal so viel" heisst: חאדתרין (نم كلم).

Partikeln.
Präpositionen.

67 Die häufigste Präposition ist ל, welches sehr oft in der Form על erscheint. Es ist nämlich unzweifelhaft, dass על sowohl die „auf" bedeutende Präposition ܥܠ, als eine durch den bekannten Vorschlag entstandene Veränderung von ל ist. Beispiele für על = ל begegnen uns in grosser Menge (vergl. unten §. 76). Seltner erscheint אל für על, ל z. B. אל אנסאיכין „auf euer Antlitz" neben אל דאר דאריא, יאל אסמאלא „und zur Linken", על אנסאיכין „in Ewigkeit" neben לדר, אלבאר, מן „von aussen" für מן לבאר. Man wurde eigentlich erwarten, dass in der Bedeutung „auf" nur אל vorkomme; es bleibt aber immer wahrscheinlicher, dass in על = ܥܠ die auch sonst vielfach belegte Veränderung des *a* zu *i* in geschlossner Silbe (§. 6), als eine sonst gar nicht nachzuweisende Rücksicht auf die Etymologie die Schreibart mit ע veranlasste [1]). Uebrigens kommt auch ל in der Bedeutung ܥܠ vor.

Ausser ל verbindet sich nur noch ב „in" eng mit dem Substantiv. Beide treten vor einen vokallosen Konsonanten gewöhnlich ohne Bezeichnung des Vokals, nicht selten aber bezeichnen sie ihn auch durch י oder א (§. 2). Die sonstigen von mir aufgefundenen Präpositionen sind:

מן nicht bloss „von", sondern auch, wie Norberg richtig erkannt hat, „mit" und in diesem Fall = ܥܡ z. B. חאכימן מן סאמליליחון עו „wenn ihr mit einem Weisen redet" (vergl. Norb. II, 70); טינאי אסנן „sie gingen mit

---

1) Auch das Neusyrische vermischt ܥܠ „vulgarly" mit ܥ (Stoddard 153).

ינף. אנשישים M ל – לב. גיפנה שה לובל לקאש נ לה של הגנע לנטגי. בנעלירלע מינגלעל. לל. ו, ל, לב. ל, ג
(הסנם אלז,ערי) הקסיס ת. נ. יני ללל. ליל, לו, ל. וגו. על. ק. לגז. ל, ל. גנ. ש/הטם

אברן „אנאח סינאן מאן ואכילאן ,,da bist mit uns: wer besiegt uns?", mir",
שיתיל אסניא מינאיאן ליארדנא „unser Vater Sitil, geh mit uns zum Jordan",
וי אוליא סינא באלואתא welche mit ihm, bei ihm gehn" 1).

לואת oder אלתאת „bei" „hin zu".

עלאויא oder אלאויא „über" (עֲלָי).

אקאמא und קודאם (Spätchald. קְמֵי, Neusyrisch ܩܲܡ Stoddard 192) „vor".

אכאראר „hinter".

אחוחיא (ܠܬܲܚܬ), תחוחי תוחַי für תחוחי (Adjektiv: תיחאיא).

ביניא und zweimal באיניא „zwischen" (ܒܲܝܢܵܬ בֵּינֵי); vor Suffixen gewöhnlich ܒܲܝܢܵܬ = ביראת

אכראת „wie" 2).

Die meisten dieser Präpositionen können noch ganz in ihrem ursprünglichen Werthe als Substantive gebraucht und mit den Präpositionen ב, ל, מן verbunden werden. Z. B. מן קודאם מיא „von vor dem Wasser", באלואתא „bei ihm" u. s. w.

Von den Präpositionen nehmen die selbständig stehenden (einschliesslich מן) fast stets und ל zuweilen die *Suffixe* an als wären sie Plurale. (Vergl. Talmudische Formen, wie סינייהו „von ihnen", מיניכי „von euch", מנאי „von mir", קמאי „vor mir").

3. Pers. Sing. m. לא „ihm" 3), עלא „zu ihm", עלוי „über ihn", בא „in ihm", מינא „von ihm", אחותא „unter ihm", לואתא „bei ihm".

Fem. עלא „über sie", מינא „von ihr". An einer Stelle finden wir die sonst im Mandäischen beispiellos dastehende Form עלאיא „über sie" (aus עֲלֶיהָ).

Plur. m. ביאאתין „in ihnen", בין „ihnen", עלין oder auch לין, להין und

---

1) Auch im Neusyrischen kommt ܥܲܡ als „mit" vor (Stoddard 141).
2) קבאל, קְבֵל (ܥܲܡܗ) habe ich nur in der Verbindung מן קבאל וי „von wegen, dass" gefunden. ܡܲܥ = cum (מעם) hat Norberg wohl nur aus der dunkeln Stelle III, 74, 8 genommen. Die Bedeutung des dort stehenden מהכום zu erkennen, müssten wir erst die eigentliche Schreibart der Handschriften erfahren.
3) דילא „ejus".

סינאיון, סינאירתן, „zwischen ihnen", לאחתאיהין, „bei ihnen", מן בינאתאיהין „von ihnen".

Fem. לין *adveris*, und selbst לאיין, בין „in ihnen", לקודאמאיין „vor ihnen", מינאיין „von ihnen".

2. Pers. Sing. עלאך אחורואך „unter dir", באך „in dir", עלאך „dir", לאך, אבאחתראך „hinter dir" u. s. w. „über dir",

Von besondern Femininformen kommt vor מינך, ליך, ביך.

Plur. סינאיכון „euch", לאיכין ([1]) und selbst לאכין und auch oft לכין, לבכין, לקודאמאיכין „vor euch", בינאתאיכין „zwischen euch", כלאראיכין „über euch", „von euch".

Fem. אבאחתראיכין „über euch", עלאואיכיך „von euch", סינאיכין „euch", לכין, קודא סאיכין „vor euch", „hinter euch".

1. Pers. Sing. מינאי „in mir", בא, עלאי neben עלאוי, מיר"[2]) לע oder לאי „vor mir", מקאמאי, לראחאי „bei mir" (خَصْمِ §. 63), neben לראחי „von mir", עלאואי „über mir" u. s. w.

Plur. עינאן, „mit uns", „von uns", מינאיאן und מינאן, עלאן und לאן ([3]) „uns", עלאואתאן „über uns", בילראחאן, בי uns" neben בינאן מן „aus unserer Mitte", לראחאיאן.

Sonstige Partikeln.

69   Im Folgenden gebe ich eine Uebersicht der Wörtchen, welche man gewöhnlich Konjunktionen nennt, sowie der Adverbien von allgemeinerer Bedeutung. Bei der nicht sehr grossen Anzahl wird es nicht nöthig sein, die Wörter nach bestimmten Klassen zu ordnen.

איאך „wie?" „gleich wie" (أَيْ §. 9).

כא (הָבָא), „hier", האכא „hierher", לכא „hier", (הָא) כּל. Mit עת (אֻ) und לית zusammengezogen erhalten wir die Formen עכא „existit" „there is" (Talm.

---

1) Auch דילאכון „euer". Vergl. Neusyrisch „lochun" (Stoddard 30); Samar. לוכין.

2) Auch דילי. Dies ist das einzige Wort, in dem sich das Suffix î rein erhalten hat; im Syrschen ܟܣܡ, fällt das î bekanntlich auch ab.

3) Auch דילאן „unser".

(ליכא, איכא) „non existit" „there is not", (Talm. ebenso). Für das erstere kommt einige Male auch אכא vor. Dieselbe Form ist anderwärts offenbar Fragewort in der Bedeutung „wo ist?" oder „num existit?"; als solches ist es entweder mit א = dem Fragewort ן, הֲ oder wahrscheinlicher, da diese Partikel sonst gar nicht vorkommt, mit *ai* „wo?" zusammengesetzt, also *aka* für *aita*. (N o r b e r g schreibt וכן oder וֹכן z. B. II, 76).

אֲגֵל (lies חאם = חם) „dort", mit הא: האחאם (הָיֵּחָם). Einmal kommt als Gegensatz zu מן האכא „von hier" vor מן תאמון „von dort", wofür vielleicht מן תאמאן (مِن ثَمَّ) zu schreiben ist. חום „dann" von der Zeit, ist, da sich der Gegensatz des Zeit- und Ortsadverbs durch die Vokalisierung im Aramäischen nicht findet, als aus dem Arabischen ثَمَّ entstanden anzusehen.

Ein *e* = *ai* „wo?" liegt in ליא oder אליא „wohin?, wo?" für לְמִי (Talmudisch ליא „wohin?") und in מנא „woher?" (bei N o r b e r g مَحَل und مَحَلَى z. B. II, 34, 36, 122) für menai, m'nai. (Auch Talmudisch מנא „woher?").

עמאח oder mit ל: לעמאח „wann?" أَمَتَى, Talmudisch und Spätchaldäisch z. B. Gen. 30, 30 Jon. (אימח רי עמאח כל), „so oft als".

האשחא (השׁנא) oder האשנא (هَسْا) „jetzt"[1]).

לחאכא „hierher" (vgl. فَّا هٰذِهِ).

להיל „weiter" (لَحَلَى Samar. לעל Gen. 19, 9. vergl. הָלְאָה, Chald. ולא und וָלָן in der Mischna).

לאקמאא „zuvor", לאמאחאר „hinterher".

אהֵצֹ „warum?" (Norb. III, 192, 228; מם vielleicht aus μῶς?)

אלמא „wozu?" aus ל und מא.

אלמא „bis" ist dagegen wahrscheinlich aus ארלמא also aus מך+ד+ל=מֵךְ zusammengezogen. Mit ל (אלמא ל) wird es als Präposition, mit רי als Konjunktion („bis dass") gebraucht.

עדילמא „bis wann?" ist aus denselben Elementen zusammengesetzt.

---

1) Zusammensetzung von עָתָּא, שָׁעָא mit demonstrativem הָ, vergl. das Talmudische הָארְנא (für וְהָעִדְנא) und das Samaritanische הבנא „jetzt" (Gen. 46, 30). An den Hebräischen Artikel ist natürlich durchaus nicht zu denken.

האיזאך (פֿױlu ܡܶܝܣ) und האידין oder האיזין (ܐܶܡܰܝ) „dann".

כבאר „schon" (ܟܒܰܪ).

עטאך „vielleicht" (ܠܰܝ).

לא (ܠܐ) und stärker לאי הי, ܠܟܶܡ, לאי aus (לא + הי) „nicht".

Das Fragwort מע, מעיא auch מעי (Variante מי) „num", welches sich gern vorn an die Wörter hängt z. B. מיאדיח „weisst du?" ist wohl nur eine Umlautung von מא „was?" Bei Norberg findet sich so ܥܕܡܐ „bis wann?" (II, 286 lin. 16), welches sicher = מָא + עַר ist. Mit כא ist מיאכא „num existit?" (Norberg schreibt ܡܟܕܠܐ, ܡܟܕܠܐ und selbst ܡܟܠܐ, welches er mit „inde" übersetzt, als wäre es = מִכָּא)¹).

ܥܰܕ (siehe die Stellen bei Norberg s. v.) „so lange"; im Nachsatz steht immer ܐܠܟܶܐ „bis". Es scheint von נטר „warten" herzukommen, kann aber I, 218 nicht die erste Person Imperf. sein, der es sonst gleicht.

An einigen Stellen, wie קא נאטריא למאן לא יתראנא „ich weiss nicht, wen sie bewachen", ישומא וי חייא קארכריא „und sie nennen den Namen des Lebens" (wofür an einer andern Stelle קראכריא) kommt ein Wörtchen קא vor, das auch wohl in der Form קי erscheint (קיטאנגיאך „sie gehen")²), den Sinn höchstens sehr leise modificiert und sich nur vor Participien hängt. Es ist nicht zweifelhaft, dass Lorsbach Recht hat, wenn er (handschriftlich zu der ersten Stelle) dies קא mit dem Talmudischen קא zusammenstellt, dessen Gebrauch (es steht oft vor dem prädikativen Particip, seltner vor dem Perfekt) ganz ähnlich ist. Ursprung und Verwandtschaft des Wörtchens ist ganz dunkel; natürlich ist die Zusammenstellung mit dem Griechischen γέ verfehlt ³).

ו „und".

אף „auch".

---

1) Ebenso ist im Talmud מי nicht selten „nam", מי איכא „num existit" (z. B. Aboda sara Fol. 2).

2) Auch bei Norberg kommt ܩܐ so vor.

3) Das Neusyrische ܟܐ (ke) ist allem Anschein nach dasselbe Wort (Stoddard 41).

הינילא, auch הינעלא oder העגילא „aber" (häufig) ist aus הין „ecce" und אלא (nisi) zusammengesetzt.

כיי „wie" = کَ ($. 26); aber nicht bloss temporell wie dieses. Oft tritt יי noch einmal dahinter z. B. כיי יי לא הראח „als sie noch nicht da war". Aehnlich ist כמא „wie" gebildet.

Mit יי und Präpositionen werden auch im Mandäischen verschiedene Konjunktionen gebildet z. B. יי מן קירואם „ehe dass" u. s. w.

אמינטול יי „weil" (אמטול, מטחל).

עד „wenn", seltner הין (لَو). Die erste Form ist wohl aus en, es entstanden und das s eine Trübung in Folge des Nasals (Spätchaldäisch אי).

אכאגריח (mit und ohne יי) „als ob gleichsam". Der Schluss ist gewiss דְּאִיח[1] („dass ist"); die ersten beiden Silben mögen = کَ in کَأنّ (also) oder = أکِل (d. i. کُل „wie wenn") sein.

Das Relativ יי erscheint oft als reine Konjunktion in der Bedeutung „dass", auch zur Einführung direkter Rede.

Von *Interjektionen* finden sich הא und הין „ecce", יאי oder עואי „wehe" (mit ל z. B. יי ואילינון להאלין „wehe denjenigen, welche…") und יא „o", das in der Anrede vor das Nomen tritt und gewiss dem Arabischen entlehnt ist (يا) [2]).

Diese Uebersicht über die Mandäischen Partikeln, welche ich freilich keineswegs für ganz vollständig ausgeben will, zeigt eine ziemliche Verringerung des alten Vorraths. Wörter, wie صَمَد, لَحَد, أحَد, لَعَلّ, لَيسَ, رُبَّ [3], הרי, בֵּין u. s. w. fehlen ganz und, was neu gebildet ist, ist nicht so bedeu-

---

1) So scheint das Syrische ܟܐܝܬ = כָּאִית zu sein („wie es ist").

2) Auch das Neusyrische braucht ܝܐ so (Stoddard p. 144, 162).

3) Wie رُبّ gewiss ein altaramäisches Wort ist, dessen Gebrauch nur durch das Griechische *dé* beeinflusst ist, so möchte ich es nicht für unmöglich halten dass auch ܡܢ nicht geradezu *γάϱ* ist, sondern ursprünglich = خَبَر „wahrlich". Das ähnlich klingende Griechische Wort wirkte aber auf seinen Gebrauch und seine Bedeutung ein; nur der lange Vokal bezeugt noch seine Verschiedenheit von *γάϱ*.

tend, dass es den Mangel ersetzen könnte, einen Mangel, der um so mehr auffällt, als der Reichthum an Partikeln gerade ein Hauptvorzug des Aramäischen ist.

Dritter Theil.
Syntaktische Bemerkungen.

70 Wenn wir in den beiden ersten Theilen wenigstens den Rahmen einer vollständigen Grammatik einhielten, so beschränken wir uns in der Syntax auf die Besprechung einiger wichtigen Punkte. Im Satzbau weicht das Mandäische nicht sehr stark von den übrigen Aramäischen Mundarten ab, und wir werden in diesen Abweichungen meistens nur ein Verwischen der alten Regeln, ein Vergessen des syntaktischen Unterschieds der Formen, keine wahre Neugestaltung finden. Sodann wären aber für eine genaue Syntax sorgfältig gereinigte und durchforschte Texte noch nötiger, als für die Formenlehre, und ich muss gestehn, dass ich auf Grund der mir vorliegenden Quellen eine systematische Darstellung der Syntax nicht zu unternehmen wagte.

Vom Geschlecht.

71 Dass dem Mandäischen vielfach der Sinn für die Unterscheidung der Formen abhanden gekommen ist, selbst da, wo noch verschiedene Formen neben einander bestehen, haben wir schon mehrfach in der Formenlehre gesehen. Hierher gehört besonders die Vertretung des Femininums durch das Maskulinum, obgleich die weiblichen Formen noch grösstentheils daneben erhalten sind. Aus der Menge der Fälle gebe ich nur einige wenige Beispiele.

1) Pronomen. כולהין רוחיא בישאתא "alle bösen Geister" (für כולהין), חירואתא בכלילאיהין אריאן "Bräute kommen mit ihren Kronen" und so sehr oft הין für הין, ebenso oft כן für כין, אך für יך; ferner האוין מאצבריתא "diese Taufe" (für האוא) und öfter האוין für האוא vgl. §. 25. 2) Participium und Adjektiv. רמן גובריא האוין ליליאתא ניקבאתא "und von den Männern sind weibliche Dämonen" (für האוין), כארסאוראתא סריקיא האויאן "uteri vacui sunt" (für סריקאן), דאזאם שאיאלחא האוילין סארנינתאתא וי שאנין "glänzende Perlen", (סריקאן)

„dort wird ihnen eine Untersuchung werden" [1]), נישמאתא וי ברירדיא רמין „die Seelen, welche in den Schmutz geworfen sind" (und ähnlich oft נישביאתא mit dem Maskulinum) u. s. w. 3) Dass im Verbum finitum viele Femininformen allmählig aussterben und durch Formen des Maskulinums ersetzt werden (z. B. תין durch תרן in der 2. Plur. Perf.), haben wir oben gesehn; auch dass vor Suffixen ausser in der 3. Sing. das Verbum stets die Maskulinform erhält z. B. ניסקא האלין נישמאתא וניחזונא „diese Seelen werden steigen (fem.) und ihn sehen (mask.)".

Doch ist zu bemerken, dass — abgesehen von völlig verlornen weiblichen Formen — nur die Setzung einiger weiblichen Pronominalformen sowie einzelner Verbalformen für die männlichen häufig ist, dass das Prädikat gewöhnlich dem Geschlecht des Subjekts, das attributive Adjektiv *stets* dem seines Substantivs folgt.

Wortstellung.

Die schon im Syrischen freie Wortstellung ist im Mandäischen vielleicht 72 noch freier, wie schon die Umkehr derselben in den sehr beliebten sonst gleichlautenden Parallelsätzen zeigt. Das Adjektiv steht gemeinlich nach seinem Substantiv, doch kann es des grössern Nachdrucks wegen auch vortreten z. B. וי לא שאניחויא לראכיא מימראי „dass ihr mein reines Wort nicht verändert habt", קאביל ראביא רשומא „er empfing das reine Zeichen" (und so öfter ראביא), ואילאך ראבתיא עוראיתא „wehe dir, grosses Gesetz", קארמאיא ברא „der erste Sohn".

Das Demonstrativpronomen steht gewöhnlich vor seinem Substantiv, kann aber, ohne den Sinn irgend zu verändern, auch nachtreten.

Pronomen.

היגין, הע, הו steht, wie im Syrischen, in Nominalsätzen als Copula und 73 zwar auch bei אנא und אנאת z. B. כל מאן מן טורבא וי חייא הו „jeder der zum Stamm des Lebens gehört", אנא הו ראביא „ich bin der Erwachsende", אנאת הו העד „du bist unser Glanz", ער נישימתא ואר הע „wenn die Seele nur

---

1) Dagegen an einer andern Stelle: שאראלחת האריב לאך.

Einer (ein Mensch) ist" (öfter), שלסאניא האניך הינין וי „friedfertig sind die, welche . . .

Wie im Syrischen sagt man מאנו שומאך „wer ist dein Name?" (Norberg II, 108 dafür falsch هنو „was ist").

Der Gebrauch des Relativs וי ist gerade so ausgedehnt, wie der des Syrischen ܕ.

Um ein Objekts- oder Possessivpronomen nachdrücklich hervorzuheben, wird dasselbe mit דיל wiederholt, besonders nach Präpositionen: סיניון סרחריא לדיליא „es hassten mich, mich die Genien", על שומאך דילאך „um deines Namens willen", מינא דילא „von sich selbst", מן קי־אמאך דילאך „vor dir her", לאיית אלאהא יי מינאי דילא יאקיר „es giebt keinen Gott, der mächtiger als ich wäre", מאהו נביהא וי ־אמיליא דיליא „was für ein Prophet gleicht mir?" Seltner wird דיל so vorangestellt z. B. ולדיליא ניצבון „und *mich* stellten sie auf".
Ueberhaupt geht in דיל der Begriff des Possessivums oft ganz verloren und es tritt an die Stelle der reinen Personalpronomen z. B. סאגריא, ולדילון „und sie verehren sie", וחיביל כולא לדילכון שאויחא „und ich habe die ganze Erde euch gegeben".

Verbum.

74 Die Tempora unterscheiden sich im Gebrauch nicht wesentlich von den Syrischen. Nur greift der Gebrauch des Participiums als Tempusform allmählig um sich und beschränkt das Imperfektum mehr und mehr, ohne darum, wie im Neusyrischen, dasselbe ganz zu verdrängen. Das Participium, das zuweilen, wie die 3. Pers. der beiden Tempora, auch ohne ausgesprochnes Subjekt steht (וקארילון נאכ־ריטיא „und *sie nennen* sie Anachoreten", אמינטור וי על נירא סאנרא „weil *sie* das Feuer [1]) anbetet"), ist keineswegs auf die Bezeichnung des Präsens unserer Sprachen beschränkt [2]), sondern umfasst den vollen Umfang des Imperfekt's. So kann z. B. וי mit dem Particip heissen „auf dass" z. B. ביארדנא לא חישריא וי לא לאיחולאך נאטריא וי יארדנא . . . . . רוקא י

---

[1]) Später noch כל מבסיש (die Sonne), לבסיחא (dem Messias) u. s. w. Sonst immer dieselben Worte.

[2]) Ein Präsens in unserm Sinne bildet auch im Syrischen diese Zusammensetzung nicht.

„Speichel und (andere Unreinigkeiten) wirf nicht in den Jordan, damit dich nicht der Hüter des Jordans verfluche" (gerade wie auf derselben Seite צלאך .. עדא חישחאלאט לא וי, „auf dass die Hand .... nicht Macht erhalte über dich"), נורא לכין לאכלא וי „damit euch nicht das Feuer fresse" [1]).

Ein Ueberbleibsel des ursprünglichen, im Syrischen schon fast verschwundenen Gebrauchs des Imperfekts zur Bezeichnung gleichzeitiger Zustände oder Handlungen auch bei der Vergangenheit findet sich in der häufigen Redensart (وهو قتل oder) وهو يقول oder تكلّم يقول = מאלילו נימאר.

Die im Syrischen so beliebten Zusammensetzungen des Verbum finitum mit ܗܘܐ sind im Mandäischen nicht gebräuchlich.

Der Infinitiv wird sehr häufig, wie der Hebräische Infinitivus absolutus und das Arabische مصدر, dem Verbum finitum oder Participium zur Verstärkung hinzugefügt z. B. סאלקית מיסלאק „du steigst", באטלא מיבטאל „sie sind ganz eitel", ראיגית מיראן „du richtest", עתאראב בסיא ראסרא עתארובא „der Wein ward mit Wasser vermischt", מיחיאחאר מיחיאחירירא „er wird sehr gross."

Nomen.

Die drei Status kommen zwar alle vor, doch, wie man denken kann, ist nur der Status emphaticus häufig. Der Stat. absolutus ist nur beim Adjektiv etwas häufiger, bei Substantiven kommt er selten vor in Fällen, wie תהוילא לא חייא בית ומנאק חלאק „er wird weder Antheil (خلاق) noch .... im Hause des Lebens haben" [2), צבי כול „alles Ding", ובאן כול „jede Zeit". Etwas häufiger ist der Absolutus — abgesehen von einigen als Eigennamen gebrauchten Wörtern wie שאמיש „Sonne" (aber immer סירא = סִהְרָא „Mond"),

---

1) Ebenso im Neusyrischen ܡܨܚܒ݁ܕ݁ "auf dass du hörest" (Stoddard 168) und die ganze Konstruktion mit ܕ݁ܚ (für ܕ݁ܚ vergl. p. 109) d. i. ? ܚܟ݁ܐ "quaeritur (Part. pass.), ut" mit dem Particip z. B. ܗ݁ܢ ܚ݁ܐ, "ich werde sein" = ܐܺܢܳܐ ܗ݁ܘܶܐ ܚܟ݁ܐ (ähnlich wie ܚܟ݁ܐ ܘܩܐܡܗ݂ܘܢ d. L ܒܐܝܪܐ ܡܝܕ݁ܪܘܗܝ, was Norberg s. v. ganz falsch mit dem Hebräischen בוא zusammenbringt).

2) Was פנ:ב ist, weiss ich nicht. Norberg II, 113 übersetzt sicher falsch „monile et torques".

— (חשוכא‎ und נהורא‎ „Finsterniss" (doch auch zuweilen חשוך‎ „Licht", כהור‎ in distributiver Wiederholung z. B. לבוש על לבוש‎ „mit Kleidern über Kleidern", ובאן זבאן‎ „von Zeit zu Zeit", בטנא מנא‎ „Theil für Theil", באניא מאי‎ למאי‎ „zwischen lauter Wasser", מן ריש בריש‎ „von Kopf zu Kopf" d. i. immerdar, מן דוך דוך‎ „von einem Ort zum andern", صقب صقب‎ „in verschiedenen Städten" (Norb. I, 58). Aus den beiden letzten Beispielen sieht man, dass die Femininendung in solchen Fällen abfallen kann.

Der Stat. constructus ist nicht häufiger, aber auch nicht seltner, als im Syrischen. In der Verbindung zweier Substantive haben wir ihn z. B. in חיריא חשוך‎ „die Thüren (لذٰلِكَ) der Finsterniss", חיריא כישטא‎ „die Thuren der Wahrheit", ראחמת כישטא‎ „Liebe zur Wahrheit", טאבות חייא‎ „Güte des Lebens", גיליא יאמא‎ „Wogen des Meers" u. a. m.; häufig ist ראר ראריא‎ „Geschlecht der Geschlechter". Ziemlich beliebt sind adjektivische Verbindungen wie מראוראב נהירא‎ „gewaltig von Licht" d. i. von gewaltigem Licht, כסיס נהורא‎ „von ausgebreitetem Licht", יאתיר חייא‎ „reich an Leben". Gewöhnlich wird natürlich die Genitivverbindung durch וי = ד‎ ausgedruckt.

Als Prädikat steht der Singular des Adjektivs und Particips regelmässig im Stat. absol. z. B. חאכימא וי לא חריף‎ „der Weise, welcher nicht gerade ist", קאלא מקאשאי‎ „seine Stimme ist rauh", מאלאלא מכאראב‎ „seine Rede ist gelogen", מאריחתא נסישא‎ „seine Rede (مَحْفَل) ist gerade", שדחא אחריצא‎ „seine Kenntniss ist ausgebreitet", רוחא ראמיאלון‎. . . „der Geist wirft sie"[1]), נשמאה צאביא‎ „meine Seele will" (يَمْفَضُ رَصًا), נאמשא באיא‎ „seine Seele sucht" (رَصًا), רוחא מאסניא לואחאי ראחיאי ואמרא‎ „der Geist geht zu mir und kommt und spricht". Höchst selten steht hier der Stat. emph. z. B. וי מא‎ ער מנאח האריח מכיכא‎ „wärst du אמארח טקאימא‎ „was du sagst, ist richtig", (o Juschamin mask.) demüthig".

Im Plural hat das Femininum als Prädikat immer den Stat. absol. z. B. מינילתאך רמינילתאן מנאטראן‎ „Bräute kommen", חידואחתא אחיאן‎ „dein und unser Wort sind bewahrt", נישמאתא וי מאסיניאן‎ „Seelen, welche gehen",

---

1) Wäre רוחא‎ Maskulinum, so stände ראמילון‎.

נישמאתא וי נאחתא "alle Weiber werden gefangen"[1]), כיל ענשיא סישתיביא ליארדנא "Seelen, welche zum Jordan herabsteigen".

Dagegen ist für das Maskulinum im Plural der Stat. emph. ebenso gebräuchlich, als der Stat. absol. Jeder Unterschied ist geschwunden, so dass in denselben Redensarten bald der eine, bald der andere steht. Auch wechseln beide Formen nach den Handschriften, und zwar ohne dass in einer die eine Form durchgeführt wäre [2]). Beispiele sind sehr zahlreich קאימיא אחיא חריסאר אלפיא (Variante קאמין), ביחאריא "die Brüder stehen bei einander", עוחריא יאחבין "12000 Genien sitzen" (so der Oxforder Cod., der Pariser יאחביא), כמא אלפיא עוחריא יאתביא (hier gerade der Pariser יאתבין) [3]). וי באין טינאיהרן ולא יהביא "welche von ihnen fordern und nicht geben". Gewöhnlich ist der Stat. absol. nur bei den Wurzeln ל; vergl. ausser dem eben angeführten Beispiel noch כולהרן חארריא רבאין אבחרן "Alle kehren um und suchen ihren Vater". Doch findet sich auch hier der Stat. emph. z. B. יאילינין להאלין וי קאריא ולאבדין "Brüder, welche gehen", אחיא וי סאסנחא "Wehe denen, welche lesen und nicht handeln".

In den zahlreichen Fällen, in denen sich ב und ל mit einem Suffix unmittelbar anhängen, ist es beim Maskulinum nicht zu entscheiden, ob das Prädikat im Stat. absolutus (mit abgefallenem ן) oder im Stat. emph. stehe z. B. יומא וי ראשילאך חינרא בנאך "am Tage, da deine Söhne dir Streit erregen", וי מאלפילין "welche sie lehren".

Als Objekt wird ein *bestimmtes* Substantiv gewöhnlich durch ל oder על bezeichnet, wobei dasselbe noch durch das Objektsuffix am Verbum oder durch ל mit dem Suffix hervorgehoben wird z. B. וראיינלת על גאנויבריא "und richtet sie, die Schatzmeister" (Oberpriester), פיחחא על סרמא oder על פרמא סיחותא "er öffnete seinen Mund", ועל ירשאמין מאן אשפילא סן רוכחא "und wer warf den Juschamin von seiner Stelle?", לשומא וי חיא לאשילא "den Namen des

---

1) Für מישתיבין (S. 53).
2) Möglich ist freilich auch, dass יא in diesen Fällen bloss eine Form des Stat. absol. wäre mit abgefallenem ן, wie im Talmudischen stets י nicht bloss für den Stat. emph. = ן, sondern auch für den Stat. absol. = ין steht.
3) An einer andern Stelle haben beide in dieser Redensart יאתבין.

Lebens verfluchen sie". Aber oft fehlt dies Objektzeichen auch bei bestimmten Substantiven z. B. נאסטאיכן ודאכון "und reiniget euch selbst" (und öfter bei נאסש), ושומא וי עשו ראכריא "und den Namen Jesu nennen sie", ורסזחאיין נישאניא ולחאיא נאלבשא "und ihr Bild verändert er und sein Weib bekleidet er", לא עחילכון ליבאי "mein Herz gebe ich euch (كَهُمْ) nicht", וזירקא ניטאכיך עיחראחאביך "und Gerechtigkeit ebne eure Pfade", טאטח ארקאך ובתיאנאך "du hast seine Erde und deinen Bau zerstört".

Vierter Theil.
Ueber den Wortschatz.

77   Der Wortschatz des Mandäischen beruht zum grössten Theil auf altaramäischem Grunde; doch hat dasselbe noch mehr Fremdwörter aufgenommen, als das Syrische. Freilich ist die Zahl der Griechischen und Lateinischen Wörter viel geringer, als im Syrischen[1]); dagegen ist die Menge der Persischen Lehnwörter, wie man nach den Wohnsitzen und der halbpersischen Lehre der Mandäer von vorn herein erwarten kann, ungemein gross, noch bedeutend grösser, als Norberg annahm. Auch finden sich einige Arabische Wörter, wie חרב (رَبَّ), יא (يا), wahrscheinlich auch צראך "schrie" = صرخ. Häufiger werden diese Arabischen Wörter in den Beischriften der Abschreiber. Da haben wir z. B. לאקמאב (لَقَب) "Beiname", חאטסיר וי באאחתא "Erläuterung [2]) (تفسير) der Gebote" und bei Eigennamen selbst Türkische Wörter wie אגא (آغا), באשא (باشا) Arabische Aussprache für (پاشا). Die wenigen Hebräischen Wörter wie איל (אֵל), שבת (שַׁבָּת), שאמחא (חַבָּל), חיביל (הוֹבִיל), brauchen nicht unmittelbar zu den Mandäern gekommen zu sein, da sie durch die christliche Bibelübersetzung [3]) in den Syrischen Sprachschatz gebracht sind.

---

1) Mir ist nur ein Lateinisches Wort aufgestossen, das im Syrischen nicht vorzukommen scheint, nämlich ܗܡܣܐ (Norb. II, 258, 13), offenbar = usura „Zins". Norberg versteht die Stelle falsch.
2) Oder „Uebersetzung".
3) Es ist übrigens sehr zweifelhaft, ob die Mandäer die Bibel in einer unmittelbaren christlichen oder jüdischen Uebersetzung gekannt haben. Die hin und

Auf keinen Fall hat judischer Sprachgebrauch einen irgendwie nennenswerthen
Einfluss auf die Gestaltung der Mandäischen Mundart gehabt. Ebensowenig
aber lässt sich ein unmittelbarer Einfluss der Syrischen Schriftsprache auf dieselbe nachweisen.

Funfter Theil.
Ueber das räumliche und zeitliche Gebiet des Mandäischen und sein Verhältniss zu den übrigen Aramäischen Mundarten.

Die Mandäische Mundart stellt sich nach dieser Darstellung als ein echt
Aramäischer, von fremden Einflüssen — abgesehen vom Wortschatz — so
gut wie gar nicht berührter Dialekt dar, der sich aber hauptsächlich durch
lautliche Verweichlichung, dann auch durch Schwinden des Gefühls für die
Scheidung der Formen stark vom Altaramäischen unterscheidet, wenn auch
lange nicht in dem Grade, wie das Neusyrische, welches auch die alte Weise
der Formenbildung durchgängig geändert hat. Steigen wir nun von der jetzigen Gestalt des Mandäischen zu einer älteren empor, welcher die genannten
Entartungen noch fremd waren, so erhalten wir eine Sprache, welche zwar
mit den sonst bekannten Aramäischen Dialekten im Ganzen stark überein-
stimmt, aber doch von jedem im Einzelnen verschieden ist. Am ähnlichsten
ist sie der einzigen Aramäischen Mundart, welche uns in grammatisch genau
festgesetzter Gestalt vorliegt, dem Syrischen, nähert sich aber in andern Punk-
ten mehr dem ältern Jüdisch-Aramäischen (Chaldäisch-Samaritanisch). Bei
dem Nachweis der Uebereinstimmung müssen wir uns aber hüten, nicht zu
viel auf blosse Analogien in der lautlichen Entartung zu geben, welche auch
in Dialekten, die in keiner Verbindung unter einander stehn, unter ähnlichen

---

wieder vorkommenden Bibelstellen scheinen blosse Gedächtnisscitate zu sein
und weichen von dem Wortlaut des Textes sehr bedeutend ab. Man betrachte
z. B. die Stellen aus Jes. V (Norb. I, 322) und aus Psalm 114 (Norb. I, 320),
und man wird finden, dass der Wortlaut sowohl von der Syrischen wie der
Chaldäischen Uebersetzung zu verschieden ist, als dass wir annehmen könnten,
sie seien aus einer derselben genommen.

Verhältnissen ähnlich fortschreiten kann. So ist z. B. die Erweichung der Gutturale im Samaritanischen und Galiläischen ¹) kein Zeichen eines nähern Zusammenhanges mit dem Mandäischen, welches diese Laute ähnlich — im Einzelnen freilich in mannigfach abweichender Weise — behandelt; diese Erweichung findet sich ähnlich auch im Neusyrischen, ja auch im Neupunischen und Aethiopischen. Wichtiger ist schon die Analogie des Abfalls der schliessenden unbetonten Vokale, der Behandlung des ܢ, der Zusammenziehung des ܢ̈ܐ im Status emphaticus Plur. zu ܢܐ (ܝ̈ܐ), welche sich auch im Syrischen finden, zum Theil hier aber erst eingetreten sind, nachdem die Konsonantenorthographie festgestellt war ²). Ohne grosse Bedeutung für die Stellung der Dialekte zu einander ist übrigens die Aussprache der Vokale á — ó, ó — au, é — ai, hinsichtlich welcher auch im Syrischen nie völlige Einigkeit erreicht ist, wenngleich die an der zweiten Stelle angeführte Aussprache wenigstens in der spätern Zeit die gewöhnlichere geworden ist ³). Das Mandäische hat, nach seiner Orthographie zu schliessen, in diesem Punkte fast durchgängig die älteste Aussprache á, au, ai beibehalten ⁴). Am meisten Gewicht lege

---

1) Siehe Buxtorff s v. ܓܒܝܠ.
2) Im Syrischen stellt uns die konsonantische und die vokalische Schrift zwei verschiedene zeitlich, vielleicht auch räumlich, getrennte Zustände der Sprache dar; offenbar wollte, wer zuerst ܠܡܕܝܢܬܐ, ܩܡܨ, ܚܡܨܝ, ܒܥܡܠ, ܥܠܡ u. s. w. schrieb, dass man m'dīntā, p'qadu, p'qadi, niś'al, qāim sprechen sollte; aber nach der spätern (Edessenischen?) Aussprache lauteten diese Wörter m'dītō, p'qad, p'qud, neśal, qōyem, und die Vokalisation berücksichtigte allein diese Aussprache, liess jedoch die alte Konsonantenschrift unangetastet. Dies Thema liesse sich noch v el weiter ausführen. Ich bemerke nur noch, dass schon Afrem die Schlussvokale nicht mehr sprach, wie das Metrum seiner Hymnen zeigt. — Auch im Talmud fallen zuweilen u und i im Auslaut ab.
3) Vergl. Barhebraeus, gram. ed. Bertheau p. 3 f. Andererseits lässt sich beweisen, dass auch im Jüdisch-Aramäischen stellenweise á, ai, au gesprochen wurde.
4) Dass man ursprünglich á, au, ai sprach, lässt sich noch aus der jetzigen Punktation nachweisen. Dietrich hat in seinem verdienstlichen, wenn auch noch grosser Vervollständigung fähigen Buche über den Unterschied des Chaldäischen

ich übrigens auf die Gleichheit der Bildung der dritten Person des Imperfekts durch נ im Syrischen und Mandäischen¹), gegenüber dem, vielleicht nur durch Hebräischen Einfluss entstandenen, י im Jüdisch-Aramäischen. Wichtig sind ferner einige syntaktische Gleichheiten, wie das ausschliessliche Vorwalten des Status emphaticus, u. s. m. Auch im Wortschatz stimmt das Mandäische mehr zum Syrischen, als zum Chaldäischen.

Diese Stellung des Mandäischen entspricht auch seiner geographischen Lage. Weniger die Analogie, dass noch die Araber dem Dialekt des سَرار die Eigenschaft beilegen, ܓ zu ܐ, ܓ zu ܀ zu machen (Quatremère im Journal as. 1835, Mars, p. 218 f.), als der Umstand, dass die Mandäer, so lange wir sie kennen, zu beiden Seiten des untern Euphrat und Tigris wohnen, bestimmt uns, ihren Dialekt für den der Aramäer (Nabatäer) von Babylonien zu halten. Freilich mochte die Sonderstellung der seltsamen Sekte Manches in ihrer Sprache etwas anders gestalten, allein, da wir *keine Spur einer rein gelehrten Willkühr* in derselben entdecken, so haben wir keinen Grund, anzunehmen, ihre Sprache sei von der der übrigen Bewohner dieser Gegend wesentlich verschieden gewesen²). Das Syrische nun wird von einheimischen Syrern als der Dialekt von Edessa (Urhôi) angegeben, muss also jedenfalls aus dem nördlichen Mesopotamien stammen. Das Chaldäische aber, der Dialekt Palästina's, ist räumlich viel weiter entfernt.

Freilich nimmt man, wenn man nicht den Unterschied des Chaldäischen und Syrischen ganz leugnet³), gewöhnlich an, das Chaldäische sei die Sprache

and Syrischen nicht mit Glück zu beweisen gesucht, dass man schon im ersten Jahrhundert d wie ó gesprochen habe. Dabei will ich natürlich nicht leugnen, dass diese im Hebräischen so alte und in so vielen Sprachen vorkommende Trübung mundartlich auch im Aramäischen schon sehr alt sein kann.

1) Auch im Talmudischen ist diese Form gebräuchlich.
2) Es werden also auch die Nabatäischen Schriften, die dem Ibn Wahšíyā etwa vorlagen, in einem ähnlichen, freilich wohl etwas ältern, Dialekt geschrieben gewesen sein.
3) Wer das noch thut, der wird freilich auch nicht zu überzeugen sein, wenn er in den von Landsberger herausgegebenen Fabeln des Sofos deutlich eine Syrische, durch Jüdische Abschreiber halb Chaldäisch gemachte Schrift vor Augen hat, oder im Targûm der Sprüche eine ähnliche Dialektvermischung sieht.

Babylon's und ebendaher ist der unglückliche Name Chaldäisch gekommen. Allein, seitdem man nicht mehr glaubt, dass das Hebräische während des Exils als Volkssprache ausgestorben und von den verhältnissmässig Wenigen, die aus Babel zurückkehrten, durch deren Aramäische Sprache verdrängt sei [1]), und seitdem es fest steht, dass das Buch Daniel im 2ten Jahrhundert vor Christus von einem *Palästinenser* geschrieben ist, seitdem hat man durchaus keinen Grund mehr zu einer so seltsamen Hypothese. Der Aramäische Dialekt, der seit dem 4ten oder 3ten Jahrhundert vor Chr. in Palästina überhand nahm, ist gewiss nicht quer durch die Wüste, sondern aus der Aramäischen Nachbarschaft, aus Damask und dessen Umgegend, gekommen, und hat, freilich vielfach mit Hebräischen Elementen durchsetzt, allmählich die alte Sprache völlig verdrängt. So ist denn auch die Mundart der Samariter, welche doch Niemand aus Babel herleiten wird, zwar noch stärker mit Hebräischen Formen erfüllt [2]), gleicht aber der Sprache der nicht für Babylonier, sondern für das *Volk* in *Palästina* geschriebenen Aramäischen Abschnitte des alten Testaments und der ältern Targûme fast in allen Stücken, in denen diese sich vom Syrischen unterscheidet.

Sehr gross ist dagegen die Uebereinstimmung des Mandäischen mit der Aramäischen Mundart des Talmuds [3]), welcher oben auch die Volkssprache einer *Babylonischen* Gegend zur Grundlage hat. Man kann behaupten, dass sich fast von allen wichtigern Erscheinungen im Mandäischen einzelne Spuren auch im Talmud finden. Aus der Sprache der Babylonischen Schulen ist dann freilich auch Manches in die späteren Targûme eingedrungen, deren Sprache sich dem Mandäischen weit mehr nähert, als die der ältern.

1) Man lese nur Jes. 13 f. 40 – 66 u. s. w., um zu sehen, wie rein Hebräisch damals die Juden in Palästina, wie in Babylonien, sprachen.

2) Die Hebräischen Ueberreste in der lebenden Samaritanischen Sprache sind freilich schwerlich so zahlreich gewesen, wie in der des gelehrten Uebersetzers.

3) Unter dem Namen *Talmudisch* habe ich in dieser Abhandlung immer die Aramäische Mundart des *Babels* bezeichnet, welcher daneben bekanntlich auch zahllose kleinere und grössere Stücke im späteren (Mischna-) Hebräisch enthält, die aber immer nur mechanisch mit dem Aramäischen verbunden sind. Auf die Sprache des *Jerûshalmi* (der nach Jost gleichfalls in Babylon abgefasst ist) gehe ich aus Unbekanntschaft mit demselben nicht ein.

Mit[1]) dieser Ansicht stimmt nun auch die Angabe der Syrer überein. Barhebräus[2]), offenbar nach einem ältern Vorgänger — denn zu seiner Zeit sprach man in Damask und Palästina gewiss schon allgemein Arabisch — unterscheidet drei Syrische Dialekte: 1) den reinsten, Aramäischen Dialekt, den von Edessa und dem übrigen Mesopotamien d. i. die Syrische Schriftsprache; 2) den Dialekt von Palästina oder von Damask und dem übrigen innern (oder eigentlichen) Syrien d. i. die Sprache, welche man westlich vom Euphrat und der Wüste sprach und die wir, wohl etwas durch die Eigenthümlichkeit der Jüdischen Litteratur modificiert, aus den Chaldäischen Schriften[3]) und der Samaritanischen Uebersetzung des Pentateuchs kennen; dahin gehört auch die stark Hebräisch (Phönizisch) gefärbte Sprache des Steins von Carpentras und wahrscheinlich auch die Mundart von Palmyra, zu deren näherer Bestimmung freilich die wenigen bis jetzt bekannten Inschriften nicht hinreichen; 3) die unreinste Mundart, die Chaldäische[4]) oder Nabatäische, die der Assyrischen Berge und der Niederungen des 'Irâq. Hier scheinen zwei verschiedene, dem feingebildeten Syrer nicht näher bekannte, aber ihn noch mehr, als die Palästinensische, abstossende Mundarten zusammengefasst zu sein, als deren Abkömmling wir einerseits das Mandäische (und Talmudische), andererseits das Neusyrische[5]) zu betrachten haben; diese Dialekte

---

1) Wenn Dietrich die Inschrift im Appendix C zu Bunsens Outlines Vol. II, für rein Chaldäisch erklärt und daraus folgert, dass das s. g. Chaldäisch eben in der Gegend des untern Euphrat gesprochen sei, so ist dagegen einfach zu erwidern, dass seine Lesung ganz falsch ist.

2) Histor. dynast. ed. Pococke p. 16 f. des Textes und bei Quatremère Journ. as. 1835 Mai. p. 215 f. (wo Quatremère leider den Originaltext nicht anführt.)

3) Einschliesslich der s. g. versio Hierosolymitana des N. T., bei der die Anklänge an speziflsch Jüdische Redeweise (z. B. צרק für צדק, אפרץ „lachend", כנרק „Versammlung") es sehr wahrscheinlich machen, dass sie für Juden, etwa von einem getauften Juden, angefertigt ist; mithin kann sie nicht als vollgültiger Beweis für die Geltung des Jüdischen Dialekts auch bei den Christen dieser Gegend gelten.

4) Chaldäisch ist hier natürlich, *wie immer bei den Arabern*, = Babylonisch (Nabatäisch), nicht = Jüdisch.

5) Diese, nach Barhebräus von den *Nestorianern* geredete Gebirgssprache ist viel-

rechtfertigen völlig jenes Urtheil, auch wenn man sie um eine bedeutende Stufe des Alters und der Ursprünglichkeit hinaufrückt.

Schwieriger, als die Frage nach dem Orte, ist die nach der Zeit unseres Dialekts. Obwohl in einer frühern Periode wurzelnd, setzen die Mandäischen Schriften doch die Existenz des Islâms voraus, können demnach, mögen auch einzelne Theile älter sein, doch nicht vor dem Auftreten des Islâms ihre letzte Gestalt erhalten haben. Wir haben hier also einen terminus a quo für die jetzige Form der Sprache. Unsere Handschriften stammen, soweit die Daten vorliegen, alle aus dem Ende des 16ten oder aus dem 17ten Jahrhundert; die ausführlichen Ausweise der Abschreiber über ihre Originale und über deren Quelle u. s. w. führen uns wenigstens einige Jahrhunderte über diese Zeit hinauf bis zur Abfassung der Bücher. Es bleibt uns also etwa ein Raum von 700—1300 n. Chr. als muthmassliches Zeitalter der uns vorliegenden Gestalt des Dialekts. Freilich schreiben noch die Abschreiber im 16ten und 17ten Jahrhundert in derselben Sprache; doch glaube ich Spuren von Unsicherheit in ihrem Gebrauch zu finden, aus denen folgen würde, dass sie dieselbe nur auf litterarischem Wege, nicht als lebende Sprache kennen gelernt hätten. Wenn diese Sprache „oder vielmehr ein Jargon dieses Jargons" noch bei den wenigen jetzigen Mandäern in Chûzistân (Petermann, Reise II, 455), gebraucht wird, so haben wir darin wohl schwerlich eine eigentliche lebende Muttersprache zu sehen, sondern ein gelehrtes Kauderwälsch, wie das Latein bei den Mönchen im Mittelalter und das Hebräische bei den Juden bis auf die Neuzeit [1]).

Anhang.

Ueber das Facsimile in „Relation de divers voyages curieux Tom. 1. Paris 1663 [2])".

In diesem Werke finden wir auf 2 Folioseiten ein ziemlich langes Stück

---

leicht dieselbe, welche die Syrischen Lexikographen ܟܒܝܐ ܠܐܡ nennen. Vgl. Larsow, de dial. ling. Syr. reliquiis.

1) Dass die Meisten die alte Sprache nicht mehr kennen, sagt Petermann II, 457.
2) Herausgeber ist Nicol. Melchisedeck Thévenot.

aus einem Mandäischen Buche nebst einem Alphabet und Syllabar am Ende. Das Stück ist aber voll der stärksten Fehler, welche vermuthlich theilweise auf Rechnung eines unwissenden Mandäischen Schreibers, theilweise auf die des flüchtigen Europäischen Kopisten zu setzen sind. So sind öfter Buchstaben doppelt geschrieben z. B. נשיש (links Zeile 10) für קשיש „alt", גדאממיא (l. Z. 11) für קדאמיא, ganz falsche Buchstaben gesetzt z. B. ף für נ, oft א für י (z. B. חנאמנאי für חיתיאגיא l. 15 und 16)[1]), Wörter aus einander gerissen (z. B. גדמא יא für קאדמאיא l. 10) und annexible Buchstaben getrennt.

Häufig sind gewisse Buchstabenverwechslungen: für ק steht immer ג; für ס mehrmals x z. B. אצנאי = אסגיא „er ging" (l. 26, rechts 3), סאכא für סאכא „Ende" (l. 20); aber auch כאסיראיא (sic) für כאצוראיא; für ב zuweilen ם in שאםנאג = שאביך „Vergebung" l. 5, חיםאיל = חיביל „Erde" l. 18, שוםא „sieben" l. 18 neben שובא l. 25.

Das Merkwürdigste sind aber folgende drei Erscheinungen:

1) für יא ē wird אי geschrieben z. B. יאחיראי „reiche" l. 4, נבראי „Männer" r. 9, אלאראי „über" l. 4; für אייא (aye) aber אוי z. B. חאה „Leben" (einmal חאוי l. 3), גדמאוי = קאדמאיא. Auch im Inlaut steht zuweilen אי für i, e z. B. תיםאיל = חיביל „Erde" l. 18, שוםאיך „siebzig" l. 19, אמריאן = אמרין „sie sagen" l. 25, r. 2. Umgekehrt כשיט = כשיאט „wahr" r. 12.

2) Bei dem Suffix der 3. Pers. Sing. Mask. tritt das oben (§. 1) besprochene Zeichen des ה an z. B. לאהי „ihm" (ܠܗ), סינחאיה „seinen Schlaf" r. 13, בראשיה „auf seinem Kopf" l. 26, r. 16.

3) Die Vokalisation ist viel sparsamer, indem kurze und lange Vokale oft, jedoch ohne Konsequenz, fortgelassen werden. So wird auch in den Diphthongen das א weggelassen z. B. היאך = האיואך [2]).

---

1) So wird auch, bis auf einmal l. 3., immer רו für וי geschrieben.
2) Mehrmals steht fehlerhaft gar א für ai und au z. B. מדהאמאן „gläubig" r. 12 (neben גדהימנאן r. 9), מיתראורבא = מאתראארבא.

Die beiden letzten Punkte lassen auf einen ältern Zustand der Orthographie schliessen, als den durch die bekannten Handschriften dargestellten. Leider ist das Stück sonst so fehlerhaft geschrieben und gezeichnet, dass wir es durchaus nicht als Zeugen für Sprachformen haben anführen dürfen.

Verbesserungen und Zusätze.

S. 8 Zeile 15 lies חיְנָה.
— 10 — 3 von unten lies ܐ̱.
— 12 — 5 lies ܚܹܓܠܐ.
— 13 — 14 — ܐܢ].
— 13 — 8 und S. 48 f. Das א in ינאכין, ינאכין wird ebenso zu erklären sein, wie in den entsprechenden Possessivsuffixen vgl. S. 138 Anmerk. 2.
— 16 Der Wurzel וכי רכי steht im Arabischen زكر gegenüber, während ذكر, ذكي, dessen Grundbedeutung „scharf, spitz" zu sein scheint, schwerlich hiermit zusammenhängt.
— 19 Zeile 6 lies ܒܝܕܘܗܝ für ܒܝܕܘܗܝ.
— 24 Anm. 2 Z. 3 lies ܗܿܘ statt ܗܿܘ.
— 25 Anm. 2. Im Syrischen gehört ausser ܡܟܣܪ hierher das in Cureton's Remains of a very ancient recension of the gospels in Syriac (London 1858) mehrfach vorkommende ܡܟܠܡ, „illi" d. i. ד + אלי + ן . אלי, wie in der Mischna, — פלן (vergl. z. B. Matth. 15, 22; 20, 9. Joh. 4, 38, 43 u. s. w.).
— 28. Das letzte Wort des Textes lies ܡܨܕܥܗ.
— 32 Zeile 6 lies ܒܗܡܣܢ für ܒܗܡܣܢ.
— 47. Das letzte Wort lies ܡܨܡܗܿ.
— 59 Zeile 12 lies חרא statt חרה.
— 64 15 — קאואכריא statt קארב.
Einige dieser Fehler finden sich nicht in allen Exemplaren.